본 생 경 ②

불교경전
20

본 생 경 ②
（本生經）

석존의 전생담 ● 이미령 譯

민족사

일러두기

1. 민족사판 본생경 ②는 팔리장경의 소부 아함에 수록된 쟈
   타카(본생경) 중에서 선별하여 번역한 것이다.
2. 번역은 가능한 한 누구나 읽기 쉬운 평이한 문장체로 번역
   했다.
3. 제목은 원제를 따랐으나 경우에 따라서는 역자가 약간씩
   바꾼 곳도 있다.
4. 역주와 해설은 독자의 편의를 위하여 역자가 붙인 것이다.
5. 각 이야기의 맨 끝에 〈쟈타카 80〉 등은 팔리장경(PTS) 쟈
   타카의 번호이다.

본 생 경 ②

차   례

본 생 경 ②

1. 가짜 궁사의 자만심

이 전생이야기는 부처님께서 기원정사에 계실 때 언제나 허풍을 떨며 자만심에 빠져 있던 한 비구에 대해 말씀하신 것이다.

어느 날 한 비구가 이렇게 말하였다.

"법우들이여! 이 세상에 나만큼 높은 종족이나 성바지가 또 있겠는가! 나는 위대한 찰제리종족에서 태어났다. 내게는 금은 같은 무수한 보배가 산처럼 쌓여 있었고, 하다못해 내 하인들까지도 흰 쌀밥을 먹고 가시국에서 생산한 옷과 향으로 치장하고 있었다. 그런데 지금 내 꼴은 이게 무언가! 출가한 까닭에 이렇게 나쁜 음식을 먹고 거친 옷을 입어야 하다니…"

이 비구는 장로나 갓 출가한 비구들에게 자신의 이전 신분을 자랑하면서 허풍을 떨었던 것이다. 하지만 그 비구의 출생지와 이전의 신분에 대해 잘 알고 있었던 다른 한 비구가 그의 말은 모조리 거짓말에 불과하다고 다른 비구들에게 일러주었다.

비구들이 이 말을 듣고 법당에 모였다.

"법우들이여! 부처님의 가르침은 해탈로 나아가는 진리이다. 그런데 저 비구는 진리를 위해 출가하고서도 저토록 거짓말하고 허풍을 떨고 다니고 있다."

비구들이 저마다 그 비구의 헛된 자만심과 거짓말을 비난하고 있을 때 부처님께서 오셔서 이렇게 물으셨다.

"비구들이여! 지금 그대들은 무슨 이야기를 하려고 이곳에 모여 있는가?"

그러자 비구들이 그 사실을 부처님께 그대로 고하였다. 부처님은 비구들의 이야기를 듣고 말씀하셨다.

"비구들이여! 그 비구가 그렇게 허풍을 떨고 다니는 것은 이번 생뿐만이 아니다. 전생에도 그는 그런 짓을 하고 다녔다."

그리하여 부처님은 비구들에게 과거의 일을 들려주셨다.

옛날 바라나시에서 브라흐마닷타[1]왕이 나라를 다스리고 있을 때의 일이다. 이 도시의 어떤 집에 한 사내아이가 태어났다. 츌라다누가하라는 이름의 이 아이는 성인이 되어서 탓카시라[2]로 가서 유명한 스승에게 갖가지 학문과 기예를 닦았다. 특히 활쏘기에서는 어느 누구도 따라갈 자가 없을 정도의 뛰어난 기술을 지니게 되었다.

모든 학문과 기예를 배운 뒤 츌라다누가하는 탓카시라를 떠날 결심을 하였다. 자신이 지니고 있는 기술과 재능을 살려줄 왕을 찾아내어, 그에게 평생 봉사하기로 마음먹었던 것이다. 그래서 마힝사카 지방으로 여행을 떠났다.

단 한 가지, 츌라다누가하에게는 고민거리가 있었다. 그것은 키가 작은데다 허리마저 노인처럼 굽은 자신의 외모였다.

'만일 내가 그 어떤 왕을 찾아가더라도 그들은 이런 작고 허리굽은 노인같은 모습으로는 어떤 일도 할 수 없으리라고 생각할 것이 틀림없다. 그렇게 되면 나는 일자리를 얻지 못할 것이다. 그렇다면 먼저 나를 대신할 사람을 찾은 뒤에 일자리를 얻고 볼 일이다. 키 크고 허리도 꼿꼿한, 건장한 사내를 찾아야겠다.'

이런 생각을 한 그는 즉시 자기를 대신할 젊은 남자를 찾아내기 위해 이곳저곳을 돌아다녔다. 하지만 이상형의 남자를 만날 수는 없었다.

'내가 지금 헛수고를 하는 것은 아닐까?'

체념에 빠져 지내던 어느 날, 이따금 지나치던 직물공장에서 그야말로 이상형의 남자를 발견하게 되었다.

츌라다누가하는 가슴이 터질 것만 같았다. 뛸듯이 기뻤지만 사내가 이상하게 생각하지 않도록 조심스레 다

가짜 궁사의 자만심

가갔다. 그리고 가장 부드럽고 온화한 목소리로 말을 걸었다.

"초면에 실례인 줄 압니다만 성함이 어떻게 되시지요?"

"저 말입니까? 저는 비마세나라고 합니다."

사내는 대답했다.

"당신처럼 근사하고 아름다운 몸매를 가진 사람이 어떻게 이처럼 돈도 많이 주지 않는 하찮은 일을 하고 계신가요?"

"먹고 살려니 어쩌겠습니까? 입에 풀칠이라도 하려면 직물공장에라도 다녀야지요."

그 말을 듣고 츌라다누가하는 사내의 손을 덥석 잡았다.

"지금 당장 이 일을 그만두시는 것이 어떻겠습니까? 지금보다도 더 많은 돈을 벌 수 있는 일을 나와 함께 해보는 것입니다."

그렇게 말하면서 자신은 활쏘기라면 어느 누구도 감히 흉내낼 수 없는 기술을 가지고 있다고 말하며 지금까지 자신이 머리 속에 구상하고 있던 것을 비마세나에게 들려주었다.

"내가 말한 대로 한 번 해보십시다. 반드시 부자가 되어 행복하게 여생을 보낼 수 있을 것입니다."

"하지만 만약 왕이 당신에 관해 물어보기라도 한다면

그땐 어떻게 답을 해야 할지…"

"제자라고 답하면 간단하지요. 뒷일은 내게 맡겨두고요."

츌라다누가하는 비마세나를 데리고 바라나시로 돌아와서 왕을 찾아갔다.

두 사람은 왕궁 앞에서 문지기에게 왕을 배알케 해줄 것을 청했다.

"들어오시오."

두 사람은 왕에게 나아갔다. 물론 사전에 이야기한 대로 츌라다누가하는 비마세나의 제자로서 뒤를 따라 들어갔다.

왕은 비마세나의 얼굴을 보고 물었다.

"무슨 일로 나를 만나려고 하였는가?"

비마세나는 거드름을 피우면서 말했다.

"전하, 저는 천하에 일인자로 일컬어지는 궁술사입니다. 저를 부디 전하의 신하로 삼으셔서 마땅한 일을 주시기 바랍니다."

"그래? 그렇다면 적지 않은 급료를 원하겠지?"

"그렇습니다. 보름에 천 냥만 주신다면 기꺼이 일을 하겠습니다."

보름에 천 냥이라면 지금까지 이 남자가 받아온 급료의 열 배는 되는 액수였다.

"좋다. 그런데 그대의 뒤에 있는 남자는 누구인가?"

"이 녀석은 저의 제자입니다. 괘념치 마십시오."

요행히 이야기는 잘 끝나 생각지도 않게 큰돈을 받으며 왕을 모시게 된 비마세나는 희희낙락한 얼굴이었다.

뭔가 일이 터져도 츌라다누가하가 대신 감쪽같이 해결해주었다. 일상적인 일도 그가 모두 처리해주었다. 비마세나는 그저 위장하고만 있으면 그만이었다.

그런 어느 날의 일이었다. 숲 속에 커다란 호랑이 한 마리가 나타나 지나가던 사람을 잡아먹어버린 일이 벌어졌다. 그것도 한두 번에 그치지 않았다. 수많은 희생자가 나와서 아무도 숲에 갈 수 없게 되었다.

왕은 비마세나를 불러서 호랑이를 물리치라고 명했다.

"그대의 뛰어난 솜씨라면 호랑이를 잡는 일쯤이야 간단하지 않겠는가? 그대만 믿겠노라."

비마세나는 득의만면하여 답했다.

"전하, 저는 세계 제일의 궁술사입니다. 호랑이 한 마리 쯤이야 단숨에 잡아들이겠습니다."

이 사내가 고민할 필요는 없었다. 언제나처럼 츌라다누가하에게 상담하였다.

"이런 어려운 문제를 내게 해결하라고 하고 있소. 어떻게 하면 좋겠소?"

츌라다누가하는 고개를 끄덕이며 말하였다.

"먼저, 마을 사람들을 많이 모이게 하고 각자에게 활

을 지니게 하시오. 호랑이가 포효하면서 모습을 드러내면 즉시 가까운 덤불 속으로 피해서 납작하게 엎드려 기다리시오."

"그래서?"

"사람들은 달려드는 호랑이를 보고 일제히 활을 쏠 것이오. 많은 화살들 가운데 호랑이를 맞출 화살 하나쯤이야 없겠소? 반드시 누군가의 화살에 맞아 호랑이는 쓰러질 것이며 그때 당신이 재빨리 덤불 속에서 나오는 것이오. 덩굴풀 한 줄기를 들고 말이오…"

"덩굴풀을?"

"그렇소. 덩굴풀을 들고 죽은 호랑이 곁으로 가서 이렇게 외치는 것이오. '이런, 세상에. 대체 누가 이 호랑이를 죽이라고 했단 말이냐! 나는 이 호랑이를 생포해서 덩굴풀로 묶어 임금께 끌고 가려 했다. 내가 덤불 속에 들어가 덩굴풀을 찾고 있는 동안에 누군가 호랑이를 죽이고 말았으니 낭패로다. 누가 이런 엄청난 일을 저질렀는가?' 라고 말이오."

"호오, 과연…"

"당신의 말을 듣고 사람들은 겁에 질려 '제발 임금께는 말하지 말아주십시오. 당신이 침묵해주시면 사례는 얼마든지 하리다'라고 말할 것이오. 그러면 당신은 죽은 호랑이를 가지고 임금께로 나아가기만 하면 되는 것이오. 임금께서는 호랑이를 잡은 사람은 당신이라고 믿고 그에 걸맞는 포상을 내릴 것이오."

비마세나는 가르쳐준 대로 해서 왕으로부터 엄청난 포상을 받았다.

그로부터 다시 며칠이 지난 어느 날, 들소가 난폭하게 날뛰고 다닌다는 사람들의 하소연을 전해들은 임금은 비마세나에게 들소를 잡을 것을 명했다.

비마세나는 호랑이를 잡을 때와 마찬가지로 츌라다누 가하로부터 배운 방법으로 감쪽같이 일을 처리하고 또다시 왕으로부터 많은 포상금을 받았다.

그 후 사건은 끊임없이 터졌고, 그때마다 비마세나는 출라다누가하의 도움으로 사건을 해결하였다. 비마세나에게 마침내 거만한 마음이 싹트게 되었다. 그는 스스로 쌓은 힘의 공로가 아님에도 불구하고 마치 자신의 힘으로 해결한 것같은 착각에 빠져들게 되었던 것이다. 따라서 자연히 츌라다누가하를 멀리하게 되었다.

"지금까지 사건을 해결해 온 사람은 그대가 아니라 나다. 어느 것 하나 그대의 도움을 받은 것이 없다. 사실 그대는 입으로만 이러쿵 저러쿵 말했을 뿐이지 실제로 한 일은 없지 않은가? 그저 내 뒤를 졸졸 따라다녔을 뿐 아닌가!"

츌라다누가하는 그런 비마세나를 걱정스럽게 지켜볼 뿐이었다.

세월이 흘러 이웃나라에서 군사를 몰고 쳐들어왔다.

〈나라를 얌전히 내줄 것인가, 그렇지 않으면 전쟁을 벌일 것인가, 둘 중의 하나를 선택하라.〉

적군은 사자를 보내어 통고해 왔다.

"싸우리라."

왕은 호랑이를 물리치고 게다가 들소도 거뜬히 잡은 비마세나를 염두에 두고 전쟁을 벌이기로 하였다. 그래서 나라의 모든 군인에게 전쟁에 임하도록 명을 내렸다.

물론 비마세나를 선두에 세워 전장에 내보낼 생각이었다.

비마세나는 왕에게서 전쟁의 선두에 설 것을 명령받았지만 츌라다누가하에게는 한 마디도 상의하지 않았다. 비마세나는 무장하였다. 그리고 자신이 탈 코끼리를 단단히 무장시키는 일도 잊지 않았다.

비마세나는 불안하였으나 결코 츌라다누가하에게 상담할 수는 없었다. 츌라다누가하는 비마세나의 겁먹은 눈을 바라보고는, 뭔가 심상치 않은 일이 벌어질 것을 예상하고 묵묵히 뒤를 따랐다.

비마세나는 코끼리 등에 올라 온 나라 백성들의 기대를 한몸에 받으면서 성문을 나섰다. 성을 나온지 얼마 되지 않아 싸움터에 당도하였다. 선두에 서서 용맹스럽게 성을 나올 때까지는 좋았지만…

'이렇게 제일 앞에 서있다가는 제일 먼저 화살을 맞아 죽을 사람은 나밖에 없지 않은가!'

이런 생각이 드는 순간 이루 말할 수 없을 정도의 엄청난 두려움이 비마세나에게 일었다. 전신은 덜덜 떨리고 몇 번이나 코끼리 등에서 떨어질 뻔하였다. 코끼리 등은 그가 무의식중에 눈 오줌으로 범벅이 되어 있었다.

츌라다누가하는 그런 비마세나의 모습을 뒤에서 말없이 바라보면서 깊은 탄식을 하였다.

세상에서 가장 강하고 현명한 사람은
오직 나밖에 없다며
호언장담하던 그대의 몸은
지금 두려움에 떨고
코끼리 등에 소변을 누고 있도다.
비마세나여, 자만심을 버리고
겸허하게 세상을 바라보라.
그대의 말과 행동이
이렇게 다른 것을 부끄럽게 알아야 하리라.

츌라다누가하는 비마세나의 어깨에 손을 얹고 이렇게 말하였다.

"내가 이렇게 뒤에 있는데 어찌하여 그토록 두려워하는가! 자, 이제 집으로 돌아가라. 뒷일은 내가 처리해주리라."

비마세나는 츌라다누가하의 말을 듣자마자 쏜살같이

전쟁터를 빠져나갔다. 츌라다누가하는 선두에 서서 적의 진영을 뚫고 간단하게 적의 왕까지 사로잡아서 성으로 돌아왔다.

왕은 비마세나에 대해 듣고 츌라다누가하에게 물었다.

"어찌하여 그대는 외모에 그다지 연연하였는가! 설령 외모가 볼품이 없다 하더라도 힘과 지혜를 갖추고 있다면 그가 바로 가장 존귀한 자가 아니던가!"

왕은 츌라다누가하에게 지위와 명예와 재산을 주고 그의 노고를 치하하였다. 츌라다누가하는 비마세나에게 생활할 수 있을 정도의 재산을 보내고 그 후 보시와 많은 선행을 쌓았다고 한다.

부처님께서 이렇게 전생의 일을 들려주시고 나서 이어서 비구들에게 말씀하셨다.

"비구들이여, 그때의 비마세나는 지금 이렇게 허풍을 떨고 다니는 저 비구요, 츌라다누가하는 지금의 나인 것이다."   〈쟈타카 80〉

1) 쟈타카를 중심으로 하는 인도의 옛이야기에서 가장 많이 등장하는 가공의 인물로서, 바라나시를 지배했던 자비심 깊은 왕으로 칭송되고 있다.
2) 현재의 타키시라. 예로부터 북서인도의 문화의 중심지 가운데 하나로서 서방세계와 중앙아시아, 나아가 중국 등과 교류하는 거점이었다.

2. 왕게의 집게발

이 전생이야기는 부처님께서 기원정사에 계실 때 어떤 여자에 대해 말씀하신 것이다.

사위성에 한 부자가 살고 있었다. 그에게는 너무나 아름다운 아내가 있었다. 그는 자기의 아내를 데리고 밀린 돈을 받으러 지방으로 갔다. 돈을 다 받고 돌아오는 도중에 산적들에게 잡혔다. 산적 두목은 부자의 아름다운 아내에게 넋이 나갔다.

"저 여인을 그대로 돌려보낼 수 없다. 남편을 죽이고 내가 여인을 빼앗아야겠다."

그리하여 두목은 남편을 죽이려고 부하들에게 끌고 가도록 명하였다. 하지만 그 아내는 덕이 높고 남편에 대한 지극한 사랑을 갖고 있는 여인이었다. 아내는 두목 앞에 엎드려 애원하였다.

"만일 나를 차지하려는 생각에서 제 남편을 죽이려

한다면 나는 이 자리에서 남편을 따라 숨을 끊을 것입니다. 당신이 내게 무슨 짓을 한다고 해도 나는 당신의 아내가 될 수 없습니다. 죄없는 내 남편을 죽이지는 말아주십시오."

아내가 눈물을 흘리며 애원하고 또 애원하자 산적들은 남편을 풀어주었다. 그들은 마침내 무사히 사위성에 도착하여 기원정사 뒤를 지나다가 부처님을 뵈려고 정사 안으로 들어갔다. 향실에 이르러 예배하고 한쪽에 앉자 부처님께서 물으셨다.

"그대들은 지금 어디를 다녀오는 길인가?"

그러자 부자가 부처님께 지방에 다녀오는 길에 산적을 만나 죽을 뻔했던 일들을 말씀드리면서 이렇게 덧붙였다.

"부처님, 제가 이렇게 살아서 돌아올 수 있었던 것은 모두 제 아내 덕분입니다. 아내의 지극한 간원이 아니었다면 저는 지금 산적들의 손에 죽었을 것입니다."

그러자 부처님께서 이르셨다.

"우바새여, 그대의 아내가 타인의 목숨을 구해준 일은 오늘뿐만이 아니다. 전생에도 어떤 현자의 목숨을 건져준 일이 있는 것이다."

부자가 부처님의 말씀을 듣고 그 전생이야기를 청하자 부처님께서는 이렇게 말씀하셨다.

옛날, 히말라야의 거대한 호수에 온몸이 황금색인 어마어마하게 큰 왕게가 살고 있었다. 그 왕게는 호수에 물을 먹으러 오는 코끼리를 잡아먹으며 지냈다. 코끼리들은 겁에 질려 호숫가로 내려오려고 하지 않았다.

한편 당시 코끼리들의 왕에게 아기 코끼리가 태어났다. 그 어미는 사랑스런 아기가 왕게에게 습격당하지 않도록 호수에서 멀리 떨어진 농지에서 아기 코끼리를 길렀다.

아기 코끼리는 어미 코끼리의 극진한 애정 속에서 무럭무럭 자라났다. 어느덧 그 몸은 진한 자색을 띠며 보기만해도 늠름하게 느껴지는 코끼리로 자라났다.

어느새 청년으로 자라난 코끼리는 어떻게 해서든 호수의 물을 자유롭게 마시고 싶었으나, 그러기 위해서는 저 거대한 왕게를 물리치지 않으면 안 되었다.

이윽고 결혼을 한 청년 코끼리는 어느 날 신부를 데리고 아버지가 있는 곳으로 왔다.

"아버지, 저는 저 가증스런 왕게를 제 손으로 꼭 잡고 싶습니다."

청년 코끼리는 말했다.

"그런 소리 하지 마라. 지금까지 그 놈을 이긴 자는 아무도 없었다."

그렇게 말하면서 아비 코끼리는 무조건 자식의 그런 뜻을 꺾으려고 하였지만 아들은 결심을 굽히지 않았다.

"코끼리의 왕인 아버지가 허락해주시지 않는데 어찌 감히 맞서 싸울 수 있겠습니까?"

"그렇게까지 네 뜻이 굳다면 어디 한 번 싸워보아라."

아비 코끼리는 마지못해 승락했다.

청년 코끼리는 그 즉시 호수 근처 숲에 사는 코끼리들을 모두 데리고 호수가 보이는 곳까지 다가갔다. 그는 무리들을 향해 물었다.

"게가 우리들을 붙잡는 때는 호수에 내려설 때인가, 그렇지 않으면 물을 마시고 있을 때인가, 또는 호수가 언덕으로 올라설 때인가?"

"저 왕게는 우리가 물을 다 마시고 언덕으로 올라설 때를 노려서 공격합니다."

"알았다. 지금까지 공격을 당한 자는 모두 그렇게 죽어갔구나."

"아주 비겁한 놈입니다. 안심하고 올라갈 때 느닷없이 공격하거든요."

모두들 입을 모아 말했다.

왕게가 습격하는 때를 안 청년 코끼리는 모두에게 명령했다.

"자, 호수로 내려가서 물을 마시고 오자."

그의 눈은 굳은 결심으로 번득이고 있었다.

코끼리들은 젊은 코끼리의 명령대로 움직였다. 무리를 지어 호수로 내려가서 물을 마시고 언덕으로 올라왔다.

계획대로 가장 마지막에 언덕에 올라선 청년 코끼리를 기다리고 있던 것은 마치 대장장이가 강철을 자를 때 쓰는 커다란 가위같은 왕게의 집게발이었다. 그 집게발이 코끼리의 다리를 꽉 움켜잡았다.

"위험해요!"

청년 코끼리가 습격당하는 광경을 보고 있던 그의 아내는 자신도 모르게 비명을 질러댔지만 어쩔 수 없었다.

왕게는 엄청난 힘으로 남편을 호수 속으로 끌어들이려고 하였다. 남편은 고통 때문에 얼굴이 일그러졌다. 아내는 그저 조바심을 치면서 바라보고 있을 뿐이었다.

"끔찍해라."

"설마 죽이지는 않겠지?"

코끼리들은 덜덜 떨다가 비명을 질러대며 숲 쪽으로 뿔뿔이 도망쳐버렸다. 아내도 슬금슬금 뒤로 물러났다. 그것을 본 청년 코끼리는 노래를 부르며 아내에게 호소하였다.

툭 불거져 나온 눈알, 딱딱한 껍질에
예리한 집게발은 피범벅이 되어
물 속에 살고 있는 정체를 알 수 없는 왕게에게,
이 괴물에게 나, 지금 패하여
두 발을 움직일 수도 없어
그저 애석하게 비참함을 하소연하네.

본생경
28

아아, 내 지극한 사랑, 내 아내여!
나를 버리지 말아다오.
내 마음의 의지처인 내 아내여!

노래를 듣자 아내는 뒤돌아섰다. 그리고 남편을 위로
하는 노래를 불렀다.

사랑하는 이여, 오, 내 남편이여!
내 어찌 당신을 저버리리.
이 땅 끝까지 가더라도
내 가장 사랑하는 그대를.

남편의 용기를 북돋아준 아내는 이번에는 왕게를 향
해서 애절한 노래를 불렀다.

남마다강에서, 갠지스에서
그 강들이 다다르는 대해에서
당신을 이길 자 누구 있으리.
용맹스런 자여, 내 아픔을 그대는 아시는지
내 남편을 풀어주오.

왕게는 자신을 찬양하는 여인의 음성에 기분이 우쭐
해졌다. 게다가 필사적으로 남편의 목숨을 걱정하는 여

인이 조금은 가여워지는 것도 같았다. 그때 젊은 코끼리의 다리를 꽉 물고 있던 집게발이 조금 느슨해졌다.

그 순간, 남편인 젊은 코끼리는 재빨리 앞발을 들어올리면서 왕게의 등을 밟았다. 그러자 왕게의 등뼈가 와자작 소리내며 부서졌다. 청년 코끼리의 기쁨에 찬 외침을 듣고 숲속으로 뿔뿔이 흩어져 도망갔던 코끼리들이 속속 모여들었다.

"야, 해치웠다."

"이런 가증스런 왕게놈아!"

"어디 이래도 덤벼들래? 이래도?"

코끼리들은 차례차례 왕게를 짓밟았다. 이윽고 왕게는 산산조각으로 박살이 나고 말았다.

그런데 왕게의 몸에 붙어 있던 두 개의 집게발 가운데 하나는 물이 불어난 호수에서 갠지스강으로, 그리고 다시 바다로 흘러들어갔다. 남은 또 하나의 집게발은 갠지스강 근처에서 놀고 있던 왕가의 아이들 열 명이 주웠다. 아이들은 이 집게발로 아나카라고 하는 큰 북을 만들었다. 바다에 떠돌던 집게발은 사악한 신인 아수라[1]가 주워서 아람바라라고 하는 북을 만들었다. 그후 아수라가 제석천[2]과 싸움을 벌였을 때 전쟁에서 패한 아수라들은 이 북을 내던지고 도망갔다. 그래서 제석천은 북을 자신의 것으로 만들었다.

인도에서 '아람바라 구름같이 우레가 친다'라고 하는

말이 있는데 그것은 이 북을 칠 때의 소리와 우레소리
가 비슷하기 때문이라고 한다.

부처님께서 이렇게 전생이야기를 마치신 후 다시 세
상의 모든 것은 덧없고 괴로우며 그 괴로움이 쌓여 모
인 것과, 괴로움을 멸하는 것과 멸한 길에 대해서 법을
설하셨다. 그러자 이들 부부는 '예류과'3)를 얻었다. 이어
서 부처님은 말씀하셨다.
"그때의 아내 코끼리는 지금의 그대의 아내요, 그때의
청년 코끼리는 지금의 나였다."

〈쟈타카 267〉

1) 고대 인도에서는 전투를 일삼는 사악한 귀신을 아수라라고 보
고 있다. 항상 제석천과 싸우는 전투적인 귀신으로서 우리들의
일상적인 표현인 아수라장이라는 말도 바로 이 신의 이름에서
비롯된 것이다.
2) 본래는 힌두교의 신인 인드라인데 불교에 흡수되어 梵天과 함
께 불법을 수호하는 主神으로 격상되어 수미산 정상에 거주한
다고 한다.
3) 사문이 얻는 네 가지 깨달음의 자리 가운데 첫 번째로 성현의
흐름에 들게 된 자리라는 뜻이다. 이 예류과에 들면 이 세상을
일곱 번 왕래한 후에 해탈을 하게 되며 이어서 일래과(이 세상
에 한 번 옴), 불환과(다시는 윤회하지 않음), 아라한과(모든
번뇌를 모두 끊음)를 얻게 된다. 이것을 일러 사문이 받게 되
는 네 가지 과보〔沙門四果〕라고 한다.

왕계의 집게발

3. 후림새 자고

이 전생이야기는 부처님께서 교상미 부근의 발타리 동산에 계실 때 라훌라 장로에 대해 말씀하신 것이다.

어느 날인가 비구들은 법당에 모여 서로 이야기를 나누었다.

"법우들이여! 라훌라 장로는 학문에 뜻을 두고 참회하는 생각이 언제나 간절하며 가르침을 지키려는 의지가 굳습니다."

비구들이 라훌라 장로의 덕행을 찬탄하고 있을 때 부처님께서 그곳으로 오셔서 물으셨다.

"비구들이여! 지금 무슨 이야기를 나누려고 이곳에 모여 있는가?"

비구들이 부처님께 자신들이 나누고 있던 이야기를 말씀드리자 부처님께서 이르셨다.

"비구들이여, 라훌라가 그와 같은 덕행을 지닌 것은

지금뿐만이 아니다. 과거 그의 전생에도 그러하였다."

그리고 나서 비구들에게 라훌라의 전생이야기를 들려
주셨다.

옛날 바라나시에 한 젊은이가 살고 있었다. 그는 성년
이 되어서 탓카시라로 가서 많은 학문을 닦았다. 그후
출가하여 히말라야 지방의 깊은 숲에서 오로지 수행에
힘쓰면서 만족스런 생활을 보내었다.

젊은이는 소금이나 신맛의 음식물이 필요하면 마을
로 내려갔다. 사람들은 그런 그의 정진하는 모습에 큰
감동을 받아 그를 존경하였다. 모두들 열렬한 신앙심을
품고 있었던 것이다. 사람들은 숲 속에 나뭇잎으로 오두
막을 지어주고 그가 안락하게 지낼 수 있도록 필요한
물건들을 정성스레 공양올렸다.

그 마을에 새를 잡아서 생계를 잇는 사람이 있었다.
그는 자고새 한 마리를 후림새[1]로 삼으려고 잡아서 기
술을 가르치며 바구니 속에 넣어서 기르고 있었다.

그는 이 후림새를 데리고 자주 숲속으로 나갔다. 자고
는 붙잡힌 신세가 한탄스러워 처절하리만큼 애절하게
울었다. 그러자 그 우짖는 소리를 듣고 수많은 자고들이
모여들었다. 새잡이는 이때를 노려 한꺼번에 많은 자고
새들을 잡아들였다. 후림새 자고는 이 광경을 보고 고통
에 몸부림치며 중얼거렸다.

후림새 자고
33

"나 때문에 많은 새들이 이렇게 죽게 되었구나. 이 모두는 붙잡힌 신세가 된 내가 비통해서 울었기 때문이야. 모두 내 죄다. 그래, 지금부터 나는 결코 울지 않으리라. 또 울어서는 안 되는 거야."

새잡이는 자고가 울지 않자 대나무로 자고의 몸을 찔렀다.

"이래도 안 울테냐? 이래도?"

자고는 처음에는 꾹 참고 견디었지만 점점 고통이 심해지자 그만 비명을 질러대고 말았다. 그 비명소리를 듣고 수많은 자고새들이 몰려왔으며 덕분에 새잡이는 손쉽게 사냥을 할 수 있었다. 그러자 새잡이는 그에 맛을 들여 계속 자고를 찔러댔다. 새잡이는 이렇게 해서 많은 새들을 잡아들여 생계를 이으며 지냈다.

후림새 자고는 곰곰이 생각했다.

'나는 내 동족이 살해되어도 좋다고는 한 번도 생각하지 않았다. 그런데 결과는 어떠한가! 나는 분명 저주받은 목숨인가 보다. 내가 울지 않으면 동료들도 오지 않겠지만 나는 고통을 참지 못해 또다시 울어대고 만다. 아아, 내 죄가 이토록 깊어갈 줄이야. 이같은 나의 저주받은 삶을 구제해줄 사람은 없을까?'

어느 날 새잡이는 언제나처럼 많은 자고를 잡아서 귀로에 올랐다. 돌아오는 도중에 피로에 지친 그는 물을 마시고 싶어 어느 오두막으로 다가갔다. 그곳에는 저 신앙심이 깊은 수행자가 살고 있었다. 그는 자고 바구니를 수행자 곁에 내려놓았다. 그리고 꿀꺽꿀꺽 물을 마신 뒤에 너무나도 극심한 피로에 그는 모래 위에 앉은 채 그대로 잠들어버렸다.

자고는 그가 잡아가도 모를 정도로 깊고 곤한 잠에 빠져든 것을 알고 수행자에게 눈길을 주었다.

'나의 고통스런 나날에 대해서 이 수행자에게 여쭈어 보자. 이분이라면 뭔가 좋은 지혜를 주실지도 몰라.'

자고는 바구니 속에서 수행자를 향해 노래불렀다.

수많은 먹이와 지붕있는 바구니
나는 그 속에서 안락한 나날을 보냈답니다.
하지만 지금의 이 안락함은
내 동료를 죽인 대가일 뿐이지요.
오, 수행자시여!
저는 어찌해야 좋을까요, 제게 가르쳐 주소서!
수행자시여!

그의 질문에 답하여 수행자가 노래불렀다.

새여, 들으라.
설령 그대 악한 짓을 저지르고자 마음먹지 않았지만
이렇게 악한 짓에 가담한 결과를 부르고야 말았구나.

만약 그것이 진실이라면
그대의 마음이 올바르기만 하다면
그 죄에 그대 결코 물들지는 않으리.

이 노래를 듣고 자고가 다시 노래하였다.

제가 울면 새들은
동료가 있다고 생각하여 곁으로 날아온답니다.
이 새잡이에게
제 울음소리에 잡혀가지요.
그래서 이렇게 죄업만 쌓여간답니다.
제 마음은 어지럽기 그지없습니다.

수행자가 다시 노래로 답하였다.

너의 마음은 죄악에 물들지 않았단다.
고의로 마음먹고 저지른 죄가 아닐진대
그 과보를 어찌 받으리.
마음이 올곧은 자는
죄에 물드는 법이 없단다.

이렇게 수행자는 자고를 가르치고 달래주었다.
자고는 고통스런 마음이 차츰 가라앉게 되어 오랫동

안 낚시 바늘에 걸린 것같던 마음의 통중이 엷어져감을 느꼈다.

이윽고 새잡이가 오랜 잠에서 깨어났다. 그는 그제서야 곁에 있던 수행자를 발견하고 공손히 예를 올리고 나서 자고 바구니를 들고 떠나갔다.

부처님께서 이렇게 전생이야기를 들려주신 후 덧붙여서 말씀하셨다.

"비구들이여, 그때의 그 자고새는 지금의 저 라훌라요, 그 수행자는 지금의 나였다."

〈쟈타카 319〉

1) 같은 종류의 새를 잡아들이기 위해 속임수로 쓰이는 일종의 미끼와도 같은 역할을 하는 새.

후림새 자고

4. 구루국의 지계(持戒)

이 전생이야기는 부처님께서 기원정사에 계실 때 거위를 죽인 한 비구에 대해 말씀하신 것이다.

사위성에 사는 두 사람이 출가하여 비구가 되었다. 이 두 사람은 절친한 친구 사이였기에 함께 구족계를 받았고 무슨 일이든 같이 행동하였다.

어느 날 그들은 아티라바티강에 나가 목욕을 한 뒤 모래밭에서 햇볕에 몸을 말리며 모처럼 평온한 한때를 보내고 있었다. 그때 두 마리 거위가 공중을 날아갔다. 그러자 한 비구가 돌멩이를 집어들고 친구인 다른 비구에게 말하였다.

"저 거위의 눈을 맞춰볼까?"

"저렇게 작은 눈을?"

"내 실력을 못 믿는단 말이지. 어디 그럼 거위의 양쪽 눈을 다 맞춰 보여주겠어."

"턱없는 소리 하지도 말게."

친구가 계속 도리질을 하자 그 비구는 보란 듯이 모난 돌멩이를 거위를 향해 던졌다. 거위는 돌멩이가 날아오는 기척을 느껴 뒤를 돌아보았다. 그러자 비구는 이때다 하고 돌멩이를 집어서 거위의 눈을 겨냥하고 던졌다. 돌멩이는 거위의 한쪽 눈을 뚫고 들어가 다른 쪽 눈으로 나왔다.

거위는 외마디 비명을 지르며 하늘에서 떨어져 그 비구들의 발 아래 떨어졌다.

마침 근처에 있던 비구들이 그 광경을 보고 모여들었다.

"법우여, 그대는 부처님의 법에 출가해 있으면서 어찌 살생을 서슴지 않는가, 참으로 끔찍한 일을 저질렀구나."

비구들이 그 비구를 비난하면서 부처님께 데리고 갔다. 그러자 부처님께서 비구에게 물으셨다.

"너는 참으로 살생을 저질렀는가?"

"그렇습니다. 부처님."

그러자 부처님께서 꾸짖으셨다.

"비구여, 그대는 이렇게 깨달음으로 인도하는 가르침에 출가해 있으면서 어찌하여 그같은 짓을 저질렀단 말이냐. 옛날, 부처님이 세상에 나시기 전의 현인들은 재가의 몸으로 집안에 머물러 있으면서도 아주 사소한 실수에도 후회하고 참회하였거늘 그대는 이런 가르침에 몸

담고 출가해 있으면서 후회하는 기색조차 없구나. 진실한 비구란 몸과 입과 뜻에 있어 자제해야만 한다."

부처님은 이어서 과거의 일을 비구들에게 들려주셨다.

옛날, 구루라고 하는 나라가 있었다. 이 나라에는 다섯 가지 계율을 지켜야 한다는 국법이 있었다. 첫째는 생물을 죽이지 말고, 둘째는 훔치지 않으며, 셋째는 욕망에 이끌려 추잡한 행위를 하지 말며, 넷째는 거짓말을 하지 말며, 다섯째는 술을 마시지 않는다는 것이었다. 구루국의 다난쟈야왕은 이 국법을 준수하여 올바르게 나라를 다스리고 있었다.

왕 자신이 이토록 엄격하게 계율을 지키는 인물이기에 자연히 왕의 모친과 왕비, 동생부부와 신하들, 그리고 부리는 하인들에 이르기까지 왕을 본받아 다섯 가지 계율을 어기는 일이 없이 하루하루를 지내고 있었다.

마침 그 무렵, 인근 칼링거국에서는 오래도록 가뭄이 계속되어 논과 밭이 모두 타들어갔다. 가뭄이 계속되자 기근이 늘어났다. 먹을 것이 부족하여 백성들의 몸과 마음은 모두 병들어갔다. 가뭄과 기근, 질병의 세 가지 두려움이 칼링거국을 휩쓸었다.

"먹을 것을 주시오."

"물을, 제발 마실 물을…"

"제게 약을 주세요."

사람들은 도시와 마을을 이리저리 헤매고 다녔다. 어느 사이엔가 그들은 무리를 이루어 성문까지 몰려와 절규하였다.

성 안의 넓은 광장에 있던 칼링거 왕에게도 사람들의 아우성치는 소리가 들려왔다. 왕은 곁에 있던 대신에게 물었다.

"저것은 무슨 소리인가?"

"국민들이 소요하고 있는 소리입니다."

"어째서지?"

대신은 일순간 입을 다물었다.

"어째서인지 왜 말을 못하느냐?"

대신은 가능한 한 왕에게 알리고 싶지 않았지만 왕이 하도 추궁하는 바람에 하는 수 없이 말하였다.

"실은 아시다시피 요즈음 가뭄이 극심합니다."

"그래, 그건 잘 알고 있다만…"

"논과 밭이 바짝바짝 타들어가서 곡식과 채소는 모조리 말라 죽어버렸습니다. 그 때문에 기근이 일어났으며 굶주리고 야위고 병든 노인과 아이들이 무수하게 불어나고 있습니다."

"그토록 심한 기근이란 말인가?"

"그렇습니다. 송구하옵지만 전하께 청이 하나 있습니다."

"무엇인가? 주저말고 말하라."

"국민들을 위해 부디 비를 내리게 하여 주시옵소서."

"뭐라고? 비를 내리게 하라고? 그렇다면 선조들은 가뭄일 때에 어떻게 하였는지 내게 가르쳐다오."

느닷없는 신하의 주청에 그만 걱정에 사로잡힌 왕은 얼굴을 찌푸렸다.

"들은 바에 의하면 옛날의 임금들께서는 계율을 엄격하게 지키셨다고 합니다. 그리고 많은 보시를 베풂과 동시에 이레 동안 부드럽고 포근한 침상에서는 결코 잠들지 않으셨다고 합니다. 그렇게 하면 비가 내렸다고 합니다."

"그래? 그렇다면 나도 그들을 따라 하리라."

왕은 그렇게 말하고 나서 지체없이 대신의 말대로 실행하여 보았지만 그래도 비는 내리지 않았다.

"나는 내가 할 수 있는 모든 것을 다 실행하였다. 하지만 비는 내리지 않았다. 대체 어떻게 하면 좋겠는가?"

생각대로 일이 풀리지 않자 왕은 안절부절이었다.

"전하, 인근 구루국에서는 가뭄이 일어나지 않습니다. 그것은 구루국의 다난쟈야왕이 언제나 타고 다니는 검은 코끼리가 있기 때문이라고 들었습니다."

"그 검은 코끼리라는 놈이 비를 내리게 한다는 말인가?"

"신통력이 있는 코끼리여서 비를 부르는 것이라고 합

니다."

"그럼, 어찌해야 좋겠는가?"

"누군가를 구루국으로 보내서 데리고 오게 하면 어떻겠습니까?"

한 대신이 그렇게 말하자 왕의 안색도 조금 밝아졌다.

"하지만 전쟁을 걸어서 코끼리를 빼앗아 온다 해도 다난쟈야왕은 아주 강력한 군대를 가지고 있으니 이길 승산이 없질 않은가?"

"전하, 다난쟈야왕은 아주 신앙심이 깊은 분이십니다. 그러니 전쟁은 좋아하지 않을 것입니다."

"전쟁을 좋아하지 않는다고?"

"그렇습니다. 자비심 깊은 분이시니 검은 코끼리가 필요하다고 그에게 말하면 코끼리 머리라도 잘라서 줄 것입니다. 보란 듯이 잘라서 줄 것입니다. 그는 어떤 것이라도 다른 사람이 원하기만 한다면 아낌없이 줄 왕임에 틀림없습니다."

신하들이 다난쟈야왕을 이토록 찬탄하는 말을 듣자 왕은 그리 기분이 좋지 않은 듯 불쾌한 표정이었다. 하지만 국민을 위해서는 어떤 의견이라도 물리쳐서는 안된다고 생각하며 곤혹스런 표정으로 참고 있었다.

"하지만 아닌 밤중에 홍두깨마냥 느닷없이 코끼리를 달라고 하면 상대편은 놀라고 말 것이다. 상대편이 수긍할 정도로 이유를 잘 설명할 만한 사람으로 누가 적당하겠는가?"

"바라문이 좋을 것같습니다."

대신들이 입을 모아 그렇게 말하자 왕은 여덟 명의 바라문들을 불러서 나라의 비상시에 힘이 되어 줄 것을 부탁하였다. 나라의 위기를 구하기 위해서는 왕의 부탁이 없어도 팔을 걷고 나설 작정이었던 바라문들은 즉시 여행 준비를 하고서 구루국을 향해 출발하였다.

여행 도중 바라문들은 아무리 좋은 곳이라도 하루 밤만 묵었을 뿐 갈 길을 서둘렀다. 그리하여 며칠 뒤에는 구루국의 수도에 도착할 수 있었다. 바라문들은 도시의 사람들에게 물었다.

"임금께서 도시에 나오시는 때는 언제쯤이겠습니까?"

"8일과 14일, 그리고 보름날에 가난한 사람들에게 보시를 베풀기 위해 저곳에 있는 보시당에 나오신답니다."

마침 다음 날이 보름이었다. 바라문들은 성의 동쪽 문에 서있었다. 그러자 구루국의 다난쟈야왕이 아름답게 장식한 검은 코끼리에 올라타고 수많은 신하들에 둘러싸여 도시로 나왔다.

왕이 도착하자 어디서 왔는지 수많은 사람들이 모여 들었다.

"부디 은혜를 베풀어 주소서."

사람들은 왕에게 손을 내밀었다. 왕은 가난한 사람들

에게 부드럽게 말을 건네면서 몸소 먹을 것을 주었다.

바라문들은 틈을 봐서 왕에게 다가가려 하였지만 왕을 수호하고 있는 병사들 때문에 다가갈 수가 없었다. 마침내 그 기회를 잡았다. 왕의 검은 코끼리가 어떤 언덕 위에 서있었기 때문이다. 그곳에서는 바라문들의 모습이 잘 보였다. 바라문들은 일제히 손을 들면서 왕을 향해 큰소리로 인사를 올렸다. 왕이 그들의 인사에 답하며 물었다.

"오, 그곳에 있는 바라문들이여! 무엇을 바라서 그리 서있는가?"

대답 대신 바라문들은 노래를 불렀다.

훌륭하도다, 임금의 덕행이여!
그 덕을 사모하여 우리들은
멀리서 구루국으로 왔답니다.
비를 내리게 해줄 검은 코끼리와
칼링거국의 황금을
교환하지 않으시렵니까?

바라문들의 노래를 들은 왕은 대답하였다.

"그대들의 돈과 이 코끼리를 교환하려면 그대 나라의 모든 재산이 바닥나버리고 말 것이다. 걱정하지 말라. 이 코끼리를 이렇게 치장한 그대로 그대들에게 주리라."

구루국의 지계

그리고 나서 노래를 불렀다.

배불리 먹고 있는 사람
언제나 굶주려 있는 사람
내 있는 곳에 오는
그 모든 사람들에게
나는 무엇이든 베푸노라.
자, 이 코끼리를 받으라.
왕에게 걸맞도록
황금으로 치장하여
엄숙하고 아름다운
이 코끼리를 그대에게 주리라.

왕은 코끼리에서 내려 신하가 들고 있던 황금항아리에서 꽃향기가 나는 물을 코끼리에게 뿌린 뒤에 바라문들에게 건네주었다.
바라문들은 다난쟈야왕에게 몇 번이나 인사를 올린 후에 고국 칼링거국으로 돌아갔다. 그리고 칼링거 왕에게 코끼리를 바쳤지만 비는 내리지 않았다.
"어찌 된 일인가?"
왕은 고개를 갸웃거렸다.
"구루국에 가서 느낀 점은 다난쟈야왕이 나라를 다스리기 위한 계율을 잘 지키고 있다는 것입니다. 그렇기 때문에 보름이나 열흘마다 비가 내리는 것이 아닐까 생각합니다. 계율을 지키고 있는 왕의 덕이 비를 부르는 것이 아닐런지요. 물론 이 코끼리에게도 행운을 부르는 덕은 있겠습니다만 그 덕과 비교해볼 때 다난쟈야왕의 덕이 훨씬 뛰어나다고 생각합니다."

어떤 바라문이 이렇게 말하였다.

"그렇다면 이 코끼리를 구루국에 돌려주고 대신 구루국의 계율을 황금 판자에 새겨서 가지고 오너라."

왕의 명령으로 바라문들은 다시 검은 코끼리를 끌고 구루국으로 향하였다. 구루국에 도착한 바라문들은 지체 없이 다난쟈야왕을 배알할 것을 청하였다.

"전하께서 저희에게 내리셨던 코끼리를 데리고 가보았지만 어찌된 영문인지 비는 내리지 않았습니다. 구루국에서는 비가 자주 내리는데 그것은 전하께서 계율을 잘 지키고 계시기 때문이라고 생각합니다. 저희 나라의 임금께서도 계율을 지킴으로써 비를 내리게 하고 싶어 하십니다. 그러니 부디 가르침을 베풀어 주소서. 구루국의 국법인 계율을 저희에게 가르쳐 주신다면 이 황금 판자에 새겨서 가지고 돌아가려 합니다."

"오오, 가르쳐 드리는 것이야 어려운 일은 아니겠소만 나는 요즈음 내 자신이 정말로 계율을 잘 지키고 있는지 스스로를 의심하고 있소. 그러니 그대들에게 계율을 가르쳐 드릴 수가 없겠소."

왕은 며칠 전 축제일에 일어났던 일을 상기하고 있었다. 삼 년마다 열리는 그 축제는 왕이 신의 모습을 하고서 아름다운 꽃으로 장식한 고운 색의 화살을 사방에 쏘는 행사였다.

그날 왕은 사당 앞에서 화살을 사방으로 쏘았다. 날아간 화살 세 개는 찾았는데 연못 속으로 떨어진 화살은 도무지 보이지 않았다.

'어쩌면 내가 쏜 화살이 물고기를 맞추어 그 생명을 빼앗은 것은 아닐까? 그렇다면 나는 살생해서는 안 된다는 이 나라의 계율을 스스로 어긴 것이 된다…'

왕은 그렇게 생각하며 자신이 과연 계율을 잘 지키고 있는가에 대해 회의를 품게 되었던 것이다. 왕의 이런 말을 듣고 바라문들은 말하였다.

"하지만 전하, 전하께서는 목숨 있는 것을 죽이려고 마음먹지는 않았지 않습니까? '죽여야지' 하는 마음이 있어야만 비로소 살생이라는 행위가 이루어지는 것입니다. 그렇지 않고서야 어찌 살생의 무거운 죄를 지었다고 하겠습니까? 부디 구루국의 계율을 가르쳐 주소서."

열심히 간청하는 바라문에게 왕은 다섯 가지의 구루국 계율을 황금 판자에 새겨주었다. 하지만 연못 속에 떨어진 채 떠오르지 않는 화살이 마음에 걸려 아무래도 마음이 편치 않았다. 그래서 왕은 바라문들에게 말하였다.

"내 어머니는 나보다도 더욱 철저히 계율을 지키고 계시오. 상세한 것은 어머님에게 여쭈어 보시오."

바라문들은 왕에게 절하고 즉시 왕의 어머니를 만나러 갔다. 왕에게 간청했던 것과 똑같은 내용을 말하면서 구루국의 계율을 가르쳐 주십사고 청하였다.

어머니에게는 왕과 부왕의 두 아들이 있었다. 어느 때 어머니는 왕이 선물한 향수와 황금팔찌를 앞에 두고서 생각하였다.

'나는 이미 나이먹은 사람이라 이런 물건이 필요치 않다. 그래, 며느리들에게 주어야겠다. 그러면 그 애들이 얼마나 기뻐할까! 큰 며느리는 왕비이니 값비싼 황금팔찌를 주어야겠다. 둘째 며느리는 지위도 낮으니 향수를 주면 되겠지.'

그렇게 생각하고서 황금팔찌를 맏며느리인 왕비에게, 그리고 향수는 둘째 며느리에게 주었다. 그런데 두 며느리에게 선물하고 난 어머니의 마음이 편치 않았다.

'큰 며느리를 더 중히 여기는 것이 계율을 지키고자 하는 내게 있어 과연 올바른 생각일까?'

어머니의 반성을 들은 바라문들은 답하였다.

"자신의 것을, 그 누구에게 어떤 방식으로 주든 그게 무슨 잘못이겠습니까? 괴로워할 일이 아닐 것입니다. 그같은 일 때문에 계율을 어겼다고는 말할 수 없습니다. 부디 구루국 법을 주십시오."

바라문들은 어머니로부터도 구루국의 계율을 받아 황금 판자에 새겼다.

"어째 내 마음이 편치 않습니다. 하지만 내 며느리는 계율을 잘 지키고 있으니 그리로 가서 국법을 받아보는 것이 어떨런지요."

어머니의 말을 듣고 바라문들은 왕비를 만나러 갔다. 그런데 왕비도 고민에 휩싸여 있었다.

어느 날 왕비는 창가에서 멍하니 밖을 내다보고 있었다. 그때 왕의 동생인 부왕이 코끼리를 타고 출타하는 모습이 눈에 띄였다.

뚱뚱하게 살찐 왕과는 달리 부왕은 단정한 모습에 키가 크고 잘생겼다. 이전부터 부왕을 좋아했던 왕비는 그때 느닷없이 가슴 속에 사랑의 불길이 타오르는 것을 느꼈다.

'저 분과 사랑을 나눌 수 있다면… 만약 내 남편인 왕이 죽어버린다면 저 분이 왕위에 오르겠지. 그렇게 되면 나를 아내로 삼게 될 거야.'

"남편이 있는 몸이면서 음란한 마음으로 다른 남자를 본 나는 계율을 지키고 있다고 말할 수 없습니다."

왕비는 바라문들에게 그렇게 말했다.

"마음 속으로 그렇게 생각했을 뿐인데 그것이 어떻게 죄가 된단 말입니까?"

바라문들은 그렇게 말하면서 왕비로부터도 구루국의 계율을 받아서 황금 판자에 새겼다.

"계율에 대해서라면 나는 만족스럽지 않습니다. 하지만 부왕은 실로 굳건히 계율을 지키고 계십니다. 그분께 가서 받도록 하시지요."

왕비의 말을 따라 바라문들은 부왕을 만나러 갔다.

부왕은 매일 저녁이 되면 왕의 안부를 여쭙기 위해 성으로 갔다. 부왕을 성까지 모시는 신하들과 부왕 사이에는 일종의 약속이 있었다.

부왕이 왕의 처소에서 식사를 하고 하룻밤을 묵을 때에는 수레를 끄는 두 개의 막대기 사이에 코끼리의 고삐와 채찍을 끼워넣기로 하는 것이다. 그렇게 하면 신하들은 부왕이 성 안에서 묵을 것이라고 알고 그날 밤은 그냥 집으로 돌아간 뒤 다음날 아침 일찍 성으로 와서 부왕을 모시고 오는 것이다. 저녁에 금방 돌아갈 때의 약속은 고삐와 채찍을 수레 안에 그대로 넣어두는 것이었다. 그렇게 하면 신하들은 성문 앞에서 부왕이 나오기를 기다리는 것이다.

어느 날 저녁, 부왕은 고삐와 채찍을 수레 안에 넣어두고서 성 안으로 들어갔다. 왕에게 저녁 인사만 여쭙고 금방 돌아갈 생각이었던 것이다. 그런데 느닷없이 비가 내리기 시작하였다.

"엄청난 비다. 하룻밤 이곳에서 묵는 것이 좋을 듯하다. 오랫만에 형제끼리 우애좋게 하룻밤 같이 지내는 것도 좋겠지?"

왕이 권했다.

"아닙니다. 신하들을 밖에서 기다리게 하였기 때문에…"

부왕은 왕의 권유를 사양하였지만 왕은 그래도 계속 하루 묵어갈 것을 권하였다. 부득이 성 안에서 잠잘 수밖에 없게 되었다.

신하들은 부왕이 이제나 나올까 저제나 나올까 기다리며 하룻밤을 그대로 비를 맞으면서 기다렸다.

다음날 아침, 부왕이 성에서 나왔을 때 그를 맞이한 사람들은 밤새도록 비에 젖어 새앙쥐 꼴이 되어 덜덜 떨고 있는 신하들이었다.

"나는 구루국의 계율을 지키고 있다고 말하면서도 신하들을 비참한 처지에 빠뜨리고 말았소. 그러니 계율을 어긴 것이 아니고 뭐겠소!"

부왕은 그렇게 말하면서 그대들에게 계율을 준다는 것은 도저히 무리라는 듯 완강하게 손을 내저었다.

"신하를 일부러 괴롭힌 것이 아니지 않습니까? 어쩔 수 없이 그렇게 된 것이지요. 그것이 어째서 죄를 지은 일이 되겠습니까?"

바라문들은 그렇게 말하면서 부왕으로부터 계율을 받아서 황금 판자에 새겼다.

부왕은 왕을 모시고 있는 사제가 완벽하게 계율을 지키고 있다고 말해 주었다. 그래서 바라문들은 사제를 방문하였다.

어느 날 사제는 왕의 안부를 여쭈러 성으로 갔다. 그러자 근사한 수레가 성으로 들어가는 것을 보았다.

"누구의 수레인가?"

곁에 있던 사람들에게 물었다.

"어떤 사람이 임금님께 바치는 수레입지요."

'나는 이제 나이가 들었다. 만약 전하께서 이 수레를 내게 준다면 나는 얼마나 편안하게 지낼 수 있을까?'

사제는 그렇게 생각하고서 성 안으로 들어갔다.

"오오, 마침 잘 왔소. 내게는 수레가 넘치도록 많으니 이 수레는 필요치 않소. 그러니 사제께서 이 수레를 갖도록 하시오."

사제의 얼굴을 보자마자 왕은 수레를 가리키며 이렇게 말하였다. 사제는 뜨끔했다. 자신의 심중을 꿰뚫는 듯한 왕의 말을 듣는 순간 수치심에 사로잡혔다. 왕이 적극적으로 권하는 것을 사제는 완강히 거절하였다.

"타인의 것을 욕심낸다는 것은 분명 계율을 어기는

일이 되오."

사제는 바라문들에게 그렇게 말하였다.

"타인의 것을 단지 욕심냈다고만 해서 그것이 계율을 어기는 일이 된다든가, 죄를 범하는 일이 된다고는 할 수 없겠지요."

바라문들은 그렇게 말하면서 사제로부터도 계율을 받아서 황금 판자에 새겼다. 그리고 사제가 자신보다도 더 계율을 잘 지킨다면서 이름을 가르쳐준 대신의 집으로 향하였다.

그 대신은 왕의 영토를 지키는 일을 하고 있었다. 매일 아침 그물을 막대기에 묶고 이리저리 토지의 면적을 재는 것이 그의 하루 일과였다. 어느 날, 대신은 그물 한쪽을 지주에게 붙들고 있게 하고, 다른 한쪽 끝은 자신이 들고서 토지를 재고 있었는데 자신이 들고 있던 막대기의 끝이 게가 사는 구멍 한가운데에 닿았다.

'만약 막대기를 구멍 속에 넣으면 막대기에 맞아서 게가 죽을 지도 모른다. 구멍보다 좀 안쪽에 막대기를 꽂으면 왕의 토지는 줄어든다. 하지만 다른 쪽에 꽂으면 지주의 토지가 줄어드니 이것 참 곤란한 일이로다.'

대신은 생각에 잠겼다.

'구멍에는 게가 살고 있음에 틀림없다. 하지만 만일 게가 있다고 하면 모습을 보였을 것이다. 모습을 보이지 않는 것으로 봐서 잠시 구멍을 비운 것이 틀림없다. 어쨌든 이 구멍에 막대기를 꽂아서 측량할 수밖에 없다.'

그렇게 생각한 대신은 큰 결심을 했다는 듯이 구멍에 막대기를 꽂아넣었다. 그러자 게의 신음소리가 들려왔다. 모습을 보이지 않았으니 잠시 밖에 나갔겠거니 생각하고서 막대기를 꽂았지만 이곳은 게가 사는 구멍이니 어쨌거나 자신의 그런 생각은 완전히 잘못된 생각이었던 것이다.

'분명 내가 게를 죽인 것이다. 살생해서는 안 된다는 계율을 나는 깨고 말았다.'

대신은 그렇게 말하며 한탄하였다.

"죽이려는 마음이 애초부터 없었던 것이 아닙니까? 그러니 살생이란 죄가 이루어질 수 없지요."

바라문들은 대신을 위로하면서 그로부터 계율을 받아서 황금 판자에 새겨넣었다. 그리고 나서 대신이 천거한 마부를 찾아나섰다.

어느 날 마부는 왕을 마차에 모시고 도시 외곽에 있는 동산으로 향했다. 동산에서 충분히 휴식을 취한 왕은 저녁에 다시 마부의 수레에 올랐다. 그런데 성으로 돌아오는 도중에 갑자기 천둥번개가 치더니 엄청난 폭우가 쏟아져 내리는 것이었다. '왕을 비에 젖게 한다는 것은 있을 수 없는 일이다.' 마부는 말의 엉덩이를 채찍으로 연신 내리쳤다. 말은 기겁을 하며 전속력으로 달렸다.

말은 필사적으로 온 힘을 다해서 달렸던 것이다. 동산에서 돌아오는 지금까지의 전례를 봐서 이처럼 빠른 속도로 달린 적은 다시 없었다. 막대기와 채찍으로 맞는 것을 본능적으로 두려워했던 것이다.

"그때 왕이 비에 젖든, 젖지 않든 그것이 나의 죄가되는 것은 아니었습니다. 내가 저지른 사악한 행위란 것은 바로, 잘 길들여진 온순한 성격의 말을 겁에 질려 달리게 만들었다는 것이지요. 그 때문에 말은 피로에 지쳐버렸으니 나도 계율을 지킨다는 자부심은 사라지고 말았습니다."

고개를 숙이며 이렇게 말하는 마부를 바라문들은 위로하였다.

"말을 지치게 만들 생각은 없었지요. 어쩌다 그렇게된 것뿐이랍니다. 그러니 아무런 죄도 저지른 것이 아닙니다."

바라문들은 마부로부터도 계율을 받은 뒤, 어떤 장자가 엄격하게 계율을 지키고 있다는 귀띔을 받고 부랴부랴 그곳으로 향했다.

어느 날 장자는 자신의 논으로 나가서 벼가 얼마나 잘 패었는지 보려고 벼를 한 줌 훑어 집으로 가지고 왔다. 그리고 집에 당도하고서는 '아차' 하는 생각이 들었다.

'이 논에는 왕에게 바칠 쌀도 있다. 아직 왕에게 바치지도 않았는데 이렇게 한 줌을 내 것인 양 가지고 왔으니 도둑질과 무엇이 다르랴!'

그래서 장자는 고민에 휩싸여 있는 중이었다. 바라문들에게 그같은 사정을 이야기한 장자는 맥이 빠져서 중얼거렸다.

"그러니 나는 계율을 지키고 있다고 말할 수 없소."

"일부러 훔치려고 마음먹고 한 일이 아닌데 어찌 그렇게 생각을 하신다는 말씀입니까?"

"어쨌든 나보다도 창고를 담당하고 있는 대신이 더 계율을 잘 지키고 있습니다. 그리로 가보시지요."

바라문들은 장자로부터도 계율을 받았다. 그리고 그 가르침을 황금 판자에 새겨넣고서 창고를 지키고 있는 대신에게 향하였다.

어느 날 창고지기 대신은 창고 입구에서 신하들에게 왕에게 바칠 쌀에 도장을 찍게 하고서는 입구쪽으로 쌓아올리고 있었다. 그날은 아침부터 날이 흐려 있었는데 급기야 비가 쏟아지기 시작하였다.

대신은 이미 도장을 찍은 볏단을 급히 모으게 하고, 바로 옆에 수량을 헤아려서 도장을 찍어 쌓아둔 다른 사람들의 볏단 위로 집어올리라고 소리쳤다.

"이것은 임금께 올릴 벼다!"

그리고 창고 속으로 급히 뛰어들어갔다. 대신은 창고 속에서 비가 멎기를 기다리면서 생각하였다.

'임금께 올릴 볏단을 다른 사람의 볏단 위로 던져놓았으니 저 볏단들은 뒤섞이고 말았다. 어쩌면 주인이 있는 것인지도 모를 일이다. 그렇다면 이유없이 왕의 소유물이 불어난 것이 되고 볏단의 주인 몫이 줄어버린 꼴이 된다.'

대신은 바라문에게 말하였다.

"나는 무의식적으로 도둑질을 한 꼴이 되어버렸소. 나보다도 문지기가 더 훌륭하게 계율을 지키고 있습니다."

"훔치려고 의식해서 훔친 것이 아닌데 어찌해서 그렇게 생각하십니까?"

바라문들은 그렇게 말하면서 창고지기 대신으로부터 계율을 받아서 황금 판자에 새긴 후에 문지기를 찾아갔다.

어느 날 저녁의 일이다. 문지기는 언제나처럼 도시로 들어가는 문을 닫을 시간이 되었음을 확인하였다. 그 도시는 성을 중심으로 발달해 있는데 주변이 모두 높은 담으로 둘러싸여 있었다. 문지기의 일은 아침 저녁으로 이 문을 열고 닫는 일이었다. 일단 문을 닫으면 아무도 성 안으로 들어갈 수 없었다.

"성문을 닫겠소!"

그날도 문지기는 큰소리로 세 번 외치며 돌아다녔다. 하지만 거리에는 인적이 끊긴 지 오래였다.

문지기가 문을 막 닫으려고 하는 찰나 초라한 차림의 젊은 남녀가 숲에서 나와 정신없이 성을 향해 달려오는 것이 눈에 띄었다.

"시간을 지키지 않으면 안 된다는 것을 왜 모르는가! 오라, 그대들의 꼴을 보니 숲속에서 사랑을 나누느라 시간이 얼마나 흘렀는지도 몰랐던 게로군!"

문지기는 두 사람에게 호통을 쳤다. 그러자 청년이 답했다.

"아닙니다. 이 여자는 제 애인이 아니라 저의 누이동생입니다. 일이 있어서 숲 맞은편에 있는 마을에 갔다가 늦은 것이랍니다."

문지기는 티없이 맑은 눈으로 바라문들을 바라보며 말하였다.

"저는 그때 그 청년의 누이동생을 그의 애인이라고 이유없이 우겨댄 셈이 되고 말았습니다. 그러니 계율을 지키고 산다고 말할 수 없지요."

"아무 생각없이 그저 머리 속에 든 생각을 말한 것인 걸요, 사람이 반드시 이유를 달아서 말해야만 한다는 법이 어디 있습니까?"

바라문들은 그렇게 말하면서 문지기로부터도 계율을 받아서 황금 판자에 새겼다. 그리고 그보다도 더 계율을 잘 지키고 있다는 유녀에게로 갔다.

어느 날 한 청년이 유녀의 집에 나타났다. 유녀를 사
랑했던 청년은 많은 돈을 유녀에게 주었다.

"내가 지금 일이 있어 떠나지만 가까운 시일내로 돌
아오겠소. 그때까지 나만을 기다려주오."

청년은 그렇게 약속하고 어딘가로 정처없이 떠나버렸
다.

그로부터 삼 년이라는 세월이 흘렀다. 청년은 유녀가
사는 곳에 모습을 나타내지 않았다. 유녀는 자신을 깊이
사랑해준 청년과의 약속을 결코 어기지 않았다.

'어쩌면 그 분은 오늘이라도 오실지 몰라.'

유녀는 청년과의 약속을 지키며 어느 누구와도 만나
지 않았다. 다른 남자를 만나지 않는 그녀에게 돈이 들
어올 리 없었다. 유녀의 생활은 점점 어려워져갔다. 끼니
를 잇기조차 힘들어지자 유녀는 재판소로 가서 하소연
하였다.

"삼 년 전에 제게 많은 돈을 준 남자가 있었답니다.
저는 그 남자를 사랑하고 있었기에 곧 돌아오리라는 그
의 말을 믿고 지금까지 기다리고 있었지요. 하지만 혹시
죽어버리지나 않았는지 그는 지금까지 돌아오지 않고
있답니다. 아무런 소식도 없지요. 돈도 다 떨어져서 생활
하는 것이 고통스럽답니다. 어떻게 하면 좋겠습니까?"

재판관은 거두절미하고 답하였다.

"삼 년이 지나도 오지 않는 남자를 기다리고 있다니 대체 그대는 정신이 있는겐가? 지금부터는 다른 남자를 만나 돈을 벌어도 좋다."

유녀가 재판소에서 나올 때 한 남자가 많은 돈을 가지고 유녀를 유혹하였다. 유녀가 돈을 받을 생각으로 손을 내밀려는 찰나 어디서 나타났는지도 모르게 유녀의 앞에는 예의 그 청년이 모습을 나타내는 것이었다. 유녀는 돈을 건네주려던 남자의 손을 뿌리쳤다.

이 청년이야말로 실은 유녀가 얼마나 계율을 잘 지키는지를 시험하려고 하늘에서 내려온 제석천의 모습이었다.

제석천은 찬란한 광채에 휩싸여 자신의 본래 모습을 공중에 나타내고 많은 사람들에게 고하였다.

"나는 이 여인이 어느 정도로 계율을 잘 지키는가를 시험하려고 삼 년 전에 많은 돈을 건네준 뒤에 한 번도 그녀를 만나주지 않았다. 하지만 이 여인은 돈이 다 떨어질 때까지 가난하게 살면서도 오로지 나만을 기다려 왔다. 계율을 지킨다는 것은 이 여인처럼 지켜야 할 것이다."

제석천은 유녀에게 많은 보물을 주고 하늘 저편으로 사라져갔다.

"하지만 바로 그때 나는 다른 남자에게서 돈을 받으려 했었지요. 그러니 어찌 제가 계율을 지킨다고 말할 수 있겠습니까?"

유녀는 그렇게 말하며 바라문을 바라보았다.

"당신은 손을 내밀었을 뿐이니 그것만으로 계율을 어겼다고는 할 수 없지요. 그대는 죄악에 물든 것이 아닙니다."

바라문들은 그렇게 말하면서 유녀로부터도 계율을 받아서 황금 판자에 새겼다.

바라문들은 이리하여 열한 명의 사람들이 지키고 있는 계율을 황금 판자에 새겨넣은 후 칼링거국의 단타브라 도시로 돌아왔다.

"누구든 계율을 어길 수도 있습니다. 하지만 어기는 바로 그 순간에 모든 사람들이 반성을 하였습니다. 그보다 더 훌륭한 일은 다시 없다고 생각합니다. 자신의 행위와 마음가짐에 조금이라도 죄악의 그림자가 있는지 되돌아보고 반성하는 그 태도가 계율을 지키는 데 있어 가장 중요한 일이기 때문입니다."

바라문들은 칼링거 왕에게 보고하고 황금 판자를 바쳤다.

칼링거 왕이 구루국의 계율을 지키고 실행하기 시작하자 그 나라에 아주 오랫만에 비가 내리기 시작하였다.

논과 밭이 윤택해지고 벼와 채소가 숨을 쉬기 시작하였다. 사람들의 안색에 빛이 돌고 병자의 수도 차츰 줄어들었다.

부처님께서 이렇게 이야기를 마치시고 이어서 네 가지 진리를 설하셨다. 그러자 그 자리에 모여있던 비구들 가운데 어떤 이는 예류과를, 또 어떤 이는 일래과를, 어떤 이는 불환과를 그리고 어떤 이는 아라한과를 얻었다. 그리고 나서 부처님은 다시 이렇게 말씀하셨다.

그때의 유녀는 지금의 저 연화색 비구니요,
그때의 그 문지기는 부루나이다.
왕의 영토를 지키던 대신은 가전연이요,
창고지기 대신은 지금의 목건련이다.
사리불은 그때의 그 장자였고
아누루타는 그 마부였다.
그 사제는 저 가섭상좌요, 그 부왕은 저 난타현자였다.
왕비는 라훌라의 어머니요,
구루왕은 하늘을 날던 거위에게 돌던진
저 비구였나니
이렇게 그 전생을 기억해야 하리라.

〈쟈타카 276〉

구루국의 지계

5. 시비왕의 보시

　이 전생이야기는 부처님께서 기원정사에 계실 때, 견줄 데 없는 보시에 큰 뜻을 둔 코살라왕에 대해 말씀하신 것이다.[1]

　그때 코살라왕은 엿새에 걸쳐 위엄과 진리와 계율을 갖춘 이들에게 다시없는 커다란 보시를 베풀었으며, 이레째 되는 날에는 온갖 필수품을 부처님과 승단에 보시하고 축복받기를 바라고 있었다. 하지만 부처님은 아무런 말씀도 없이 정사로 돌아가셨다. 그러자 왕은 부처님께 나아가서 여쭈었다.

　"부처님이시여, 어찌하여 저를 축복해 주시지 않나이까?"

　그러자 부처님께서 이르셨다.

　"대왕이여, 불제자들이 깨끗하지 못한 까닭이니라."

　이어서 게송으로 말씀하셨다.

실로 그 마음이 천박한 사람은
하늘에 이를 수 없도다.

왕은 부처님의 말씀을 듣고 기뻐하여 시비국에서 나는 값비싼 가사를 부처님께 공양하고서 돌아갔다. 이튿날 비구들이 법당에 모여 이야기를 나누었다.

"법우들이여, 코살라왕은 비할 데 없는 보시를 하고도 그것에 만족하지 않고 부처님의 설법을 듣고 나서는 또 값비싼 가사를 보시하였다. 그 왕은 도대체 얼마나 보시를 하여야 만족할까?"

비구들이 이런 이야기를 나누고 있을 때 부처님께서 오셔서 물으셨다.

"비구들이여, 그대들은 지금 이곳에 모여 무슨 이야기를 나누고 있는가?"

비구들이 나누던 이야기를 그대로 말씀드리자 부처님께서 이렇게 말씀하셨다.

"비구들이여, 외적인 물건은 쉽사리 보시할 수 있다. 옛날 현인들은 염부제의 일손을 쉬게 하고 매일 60만금으로 큰 보시를 행하였지만 그런 외적인 보시에 만족하지 않고 급기야는 자신의 눈까지 빼내어 구하는 이에게 베풀었다."

그리고 나서 비구들에게 그 전생이야기를 말씀하셨다.

옛날, 한 나라에 왕자가 태어났다. 그의 이름은 시비라고 하였다. 그는 자라서 탓카시라로 가서 많은 학문과 기술을 익힌 후에 돌아와서 부왕의 자리에 올랐다.

이윽고 왕이 세상을 떠나 시비왕자가 왕위에 올랐다. 그는 공평하고 올바르게 나라를 다스렸다. 그리고 거리 중앙과 왕궁 입구 등의 여섯 군데에 보시할 집을 짓고 사람들에게 보시를 하였는데, 매월 8일과 14일, 그리고 15일에는 보시가 얼마나 잘 이루어지고 있는지를 알아보기 위해 직접 그곳으로 행차하였다. 어느 보름날 밤에 그는 문득 생각에 잠겼다.

'나는 재물의 보시는 하고 있지만 이것만으로는 만족할 수가 없다. 좀더 마음 속에서 우러나는 진실한 보시를 하지 않으면 안 된다. 오늘 이 곳에 온 사람들 중에서 누군가 진정 마음에서 우러나오는 보시를 구하는 자가 있다면 심장인들 주지 않으리! 피가 떨어지는 심장을 꺼내어 그에게 주리라. 피를 달라고 하면 피를 주고, 살을 달라고 하면 살을 떼어 주리라. 또한 누군가가 일할 사람을 달라고 하면 기꺼이 그의 노예가 되어 일을 해 주리라. 또 누군가가 나의 눈을 욕심내면 나는 주저치 않고 내 눈을 빼어 그에게 주리라.'

시비왕은 진심에서 우러나오는 보시를 할 수 있기를 간절히 원하면서 코끼리를 타고 보시당까지 나갔다.

한편 이같은 왕의 결심이 정말 진실한 것인지를 확인

해보기 위해 제석천은 나이들어 병들고 눈먼 바라문의 모습으로 왕 앞에 나타났다. 그리고 왕을 향해서 절을 하며 처량한 목소리로 말했다.

"왕이시여! 정성이 깃든 보시를 하는 당신의 평판은 세계 곳곳에 다 퍼져 있습니다. 나는 눈먼 사람입니다. 왕이시여! 바라오니 부디 제게 당신의 눈을 하나만이라도 주지 않으시렵니까?"

이 말을 들은 왕은 자신의 소원이 이루어질 때가 왔음을 알고 크게 기뻐하며 눈먼 바라문에게 말했다.

"그대는 누구의 가르침을 받고 이리로 왔는가? 그대는 눈을 달라고 말했지만 눈은 사람에게 있어 아주 중요한 것이다. 그렇게 간단하게 눈을 보시할 사람이 과연 있다고 생각하는가?"

"저는 하늘의 신, 제석천의 계시를 받고 왔습니다. 인간에게 있어 눈이란 그 무엇보다도 소중한 것이지요. 하지만 나는 양쪽 눈이 다 없습니다. 왕께는 밝은 눈이 두 개나 있지 않습니까? 부디 하나만 저에게 주시지요."

"그렇다면 좋다. 그대의 소원을 들어주지. 나는 오늘 마음이 깃든 보시를 하려고 결심하고서 이곳으로 왔다. 그대는 한쪽 눈만을 원했지만 나는 두 눈을 다 주리라."

왕은 이렇게 말한 뒤에 그 바라문을 데리고 왕궁으로 돌아가 지바카라는 의사를 불렀다.

"자, 내 눈을 도려내라. 나는 이 눈을 저 눈먼 바라문에게 주리라.”

왕의 말을 들은 신하와 궁녀들을 비롯한 거리의 수많은 사람들에게 대소동이 일어났다. 그들은 한결같이 왕에게 나아가 부디 그같은 생각만큼은 철회하여 주십사고 애원하였다.

“전하, 눈을 준다는 생각만큼은 거두어 주십시오. 그 대신 값진 보물을 주는 것이 어떻겠습니까? 아주 멋진 수레도 괜찮을 것입니다. 그렇지 않으면 황금 안장을 얹은 코끼리를 주십시오. 저희 시비국 사람들은 몸을 아끼지 않고 전하를 받들고 있습니다. 그러니 부디 눈을 내어주려는 생각만큼은 거두어 주십시오.”

“내가 일단 주려고 마음먹은 것을 다시 철회할 수는 없다. 만약 내가 내 입으로 한 말을 지키지 않는다면 그 사람을 올가미에 넣어 목을 매달리게 하는 꼴이 되고 말 것이다. 지옥으로 떨어질 그런 인간이 되고 만다는 말이다. 저 바라문이 정말로 필요로 하고 있기 때문에 나는 눈을 준다고 말했던 것이다.”

“무엇을 바라는 마음이 있기에 눈을 주려 하십니까?”

“나는 명예가 탐나서도 아니다. 안락하게 살아가기 위해 보시를 하려는 것도 아니다. 그것은 옛날 훌륭한 이들이 행해왔던 올바른 길이기 때문이다. 그래서 나는 보시를 하려는 것이다.”

왕은 그렇게 말한 뒤 지바카에게 명하였다.

"지바카여! 내 말을 들어주기 바란다. 자, 어서 이 눈을 빼서 저 눈먼 바라문에게 건네 주어라."

"전하, 눈을 준다는 것은 아주 엄청난 일입니다. 부디 다시 한 번 생각해 주시기 바랍니다."

"무엇을 꾸물거리고 있는 것인가? 나는 충분히 생각하고 또 생각해서 하는 일인 것을… 내 마음은 변함이 없다. 내 말대로 나는 실행하고야 말리라. 지바카여! 내 눈을 도려내어라!"

지바카는 하는 수 없이 눈을 도려낼 방법을 모색하였다. 하지만 눈을 도려낸다고 해서 창이나 칼을 쓸 수는 없는 일이었다. 그렇다면 약을 조제해 보자고 생각하고서 그는 여러 가지 약재를 섞었다. 그리고 그 약을 왕의 오른쪽 눈에 아주 조금 발랐다. 격렬한 통증이 왔다.

"전하, 아직까지는 괜찮습니다. 예전과 같이 돌아가고 싶으면 말씀하십시오. 다시 한 번 더 생각해 보십시오."

"제발 꾸물거리지 말고 어서 시행하라."

지바카는 하는 수 없이 약을 또 발랐다. 통증이 잇달았으며 눈꺼풀이 부어올랐다. 그리고 피가 뿜어져 나와 왕의 옷을 더럽혔다.

"전하, 제발 멈추어 주소서."

신하들과 궁녀들은 절규하면서 울음을 토해냈다. 하지만 왕은 수술을 계속하라고 재촉할 뿐이었다. 지바카는 하는 수 없이 왕의 청을 받아들여서 왼손으로 왕의 얼굴을 받치고, 칼을 든 오른손으로 눈을 도려내어 앞 못 보는 바라문의 손에 건네 주었다. 왕은 남은 왼쪽 눈으로 오른쪽 눈을 보면서 통증을 견디며 바라문에게 말했다.

"내게는 이 눈보다도 일체의 진리를 꿰뚫는 마음의 눈이 더욱 중요하다. 내가 그대에게 눈을 주려는 것은 그같은 이유 때문이다."

앞 못 보는 바라문은 왕이 준 오른쪽 눈을 자신의 눈 속에 넣었다. 그것은 아주 정확하게 들어맞았다. 왕은 자신의 행위에 만족하면서 남은 왼쪽 눈도 바라문에게 보시하였다.

그로부터 수일 후, 왕은 수술의 고통에서 헤어났다. 그리고 생각하였다.

'장님이 된 내가 국왕의 임무를 충실히 해낼 수는 없다. 나라의 정치는 신하들에게 맡기고 나는 출가하자. 시중들 사람 한 명만 있으면 충분하다.'

왕은 성을 나와서 연못가까지 갔다. 그곳에 앉아서 자신의 보시에 대해서 생각하였다.

그 광경을 물끄러미 지켜보고 있던 제석천은 그에게 눈을 돌려주어 예전의 모습을 되찾게 하고자 그의 뒤를 밟았다. 왕은 인기척을 느꼈다.

"내 뒤를 밟는 자가 누구인가?"

"나는 하늘의 신 제석천이다. 그대의 소망을 들어주겠

다. 자, 무엇이든 괜찮으니 소망을 말해보라."

왕은 대답하였다.

"내게는 권력도 있고 써도 써도 끝이 없는 재산도 있습니다. 하지만 장님이 된 지금은 오직 죽어버리는 것만이 제 소망입니다."

"그대는 어째서 죽음을 바라는가? 장님이 되었기 때문에 비관하는 것인가?"

"그렇습니다. 장님이 되었기 때문입니다. 해야 할 일은 모두 다 하였고, 나는 이제 눈을 잃었습니다. 또한 내가 그토록 바라고 있던 일체의 진리를 보는 올바르고 진실한 눈을 얻는 일도 불가능해졌기 때문입니다. 이렇게 된 바에야 차라리 죽음만이 내가 바랄 수 있는 유일한 희망이 아니고 무엇이겠습니까?"

"시비왕이여! 잘 들어보라. 보시란 베푸는 행위만으로 이루어지지는 않는다. 미래에 태어나기 위해서, 또 현재 살아가기 위해서도 보시는 행해져야만 하는 것이다. 하지만 그대는 저 앞 못 보는 바라문이 한쪽 눈을 달라고 말했을 때, 양쪽 눈을 모두 주어버렸다. 현재 살아가는 데 필요한 눈까지도 보시하고 말았던 것이다. 이렇게 된 이상 그대가 바라는 눈을 얻기 위해서 그대는 진실한 서원을 세우지 않으면 안 된다."

"신이여! 내게 눈을 주시려거든 내 진실한 보시의 결과로서 진실한 눈을 주십시오."

"나는 제석천이다. 거짓말을 할 수는 없다. 다른 사람의 눈을 가지고 와서 그대에게 줄 수는 없다. 그대가 행한 보시의 결과로서 진실한 눈이 생겨나도록 하리라."

왕은 솔직하게 자신의 본래 마음을 이야기하였다.

내게 보시를 원하는 자
모든 계층에 널리 이를지라도
나의 보시를 받는 자
모든 민족에 널리 이를지라도
그 어느 누구라도 나는 그와
사랑의 마음으로 맺어져 있네.
이런 진실한 말에 의해
나에게 주소서, 진리의 눈을!

노래가 끝나자마자 눈 하나가 저절로 생겨나더니 왕의 한쪽 눈이 찬란하게 빛났다. 다시 왕이 노래하였다.

내게 눈을 청하는 바라문에게
나는 두 눈을 주었네.
내 마음에는 이런 나의 행위에 대해
후회하는 마음이란 조금도 없어
실로 만족하고 있네.
이런 진실한 말에 의해

내게 주소서, 진리의 눈을!

그 순간 또 다른 한쪽의 눈이 빛났다. 그 두 눈은 왕이 그동안 지녀왔던 육안과는 전혀 다른 눈이었으며, 신들의 눈과도 다른 눈이었다. 그것은 한 점의 티끌도 없는 진실한 눈이었다. 그러자 제석천은 수많은 사람들을 모아서 그 앞에서 왕을 찬양하였다.

행운 있으라, 시비의 국민이여!
하늘의 눈을 얻은 시비왕은
참다운 선행을 거듭 쌓은
공덕으로 진리의 눈을 얻었도다.
산 저편에까지
아득히 멀리 이어지는 나라들에까지
한눈으로 꿰뚫는 천안을 얻었도다.

제석천은 그렇게 노래하며 하늘로 사라졌다.
이 노래를 들은 도시의 사람들은 감격하여 찬양하면서 왕을 에워싸고 왕궁으로 모시고 왔다. 이윽고 왕의 눈이 예전처럼 돌아왔다는 소문이 온 나라에 퍼져나가자 백성들이 사방에서 왕궁으로 몰려왔다. 왕은 수많은 사람들 앞에서 법을 설하였다.
"시비국 사람들이여! 만일 금은재보의 보시를 청하면

베풀어 주라. 자신에게 가장 중요한 것까지도 보시하는 마음을 가져야 하리라. 시비국 사람들이여! 나는 마음이 담긴 보시를 하였기에 진리를 꿰뚫는 눈을 얻을 수가 있었다. 타인에게 보시한다는 것은 인간에게 이루어질 수 있는 가장 위없는 기쁨인 것이다. 부디 각자의 생활에 걸맞는 보시를 행하라. 시비국 사람들이여! 그리고 올바르게 살아간다면 반드시 하늘에 이를 수 있으리라."

그 후로도 왕은 이런 마음가짐을 설하면서 많은 사람들에게 선행을 하도록 권하였다. 사람들은 왕이 한 것과 같은 선행을 하여 사후에는 모두 하늘나라에 태어났다. 그리하여 그토록 드넓은 하늘세계가 시비국 사람들로 가득찼다고 한다.

부처님께서 이렇게 전생이야기를 말씀하시고 나서 이어서 비구들에게 고하셨다.

"비구들이여! 그때의 그 의사는 저 아난다였고, 그 제석천은 아나율이었다. 그리고 그밖의 사람들은 지금 나를 따르는 사람들이요, 저 시비왕은 지금의 나였다."

〈쟈타카 499〉

1) 이 전생이야기는 쟈타카 424 〈바라타왕의 전생이야기〉에 이은 것이다. 바라타왕의 엿새에 걸친 법답고 지극한 공양이 쟈타카 424에 등장하며 이어 이레째 부처님께 올리는 공양이야기가 여기서 펼쳐진다.

6. 상카의 보시

   이 전생이야기는 부처님께서 기원정사에 계실 때 모든 생활필수품의 보시에 대해 말씀하신 것이다.

   왕사성에 사는 한 우바새가 부처님의 설법을 듣고 나서 기쁨에 차서 이튿날 부처님과 승단을 초대하기로 약속하였다. 그리고 급히 집으로 돌아와서 집 앞에 장막을 치고, 깨끗하고 장엄하게 꾸몄다. 이튿날 부처님은 오백 비구를 거느리시고 그 집에 도착하시어 마련된 훌륭한 자리에 앉으셨다.

   그 우바새는 부처님을 위시한 오백 비구들에게 크고 훌륭한 보시를 행하였다. 이렇게 이레 동안 초대하여 보시를 행하고서 이레째 되는 날에는 갖가지 생활필수품들을 보시하였다. 특히 그가 보시한 신발은 부처님께는 이천금의 값어치가 나가는 것이었고, 뛰어난 제자들에게도 값비싼 것을 보시하였다.

그는 이렇게 보시를 한 뒤에 가족들을 데리고 부처님 앞에 앉았다. 부처님은 미묘한 음성으로 그에게 고마움을 표하시며 이렇게 말씀하셨다.

"우바새여, 그대가 갖가지로 보시한 것은 실로 광대하고 또 광대하도다. 그러니 그대는 기뻐하라. 내가 이 세상에 나오기 전 옛 사람은 벽지불에게 한 켤레의 신을 보시하였었다. 그리하여 의지할 곳 없는 바다에서 파선을 당했을 때 신발을 보시한 과보로 그는 목숨을 건졌다. 지금 그대가 나를 위시한 이 교단에 모든 도구를 보시하였으니 그대의 이 신발의 보시에 대해 어찌 그같은 과보가 없겠는가?"

이렇게 말씀하시자 우바새가 부처님께 청하였다.

"부처님, 신발을 보시하여 목숨을 구한 옛 사람의 이야기를 들려주십시오."

그러자 부처님께서 그 전생이야기를 들려주셨다.

바라나시가 아직은 몰리니라 불리고 있을 때의 일이다. 상카라는 이름의 대부호가 살고 있었다. 그는 아주 덕이 높은 사람으로 가난한 사람들과 나그네에게 보시하는 것을 기쁨으로 여기며 살아가고 있었다.

어느 날 그는 생각하였다.

'지금 내게는 엄청난 재산이 있기 때문에 이 정도로도 막대한 보시를 할 수가 있다. 하지만 언젠가 재산은 다해버릴 것이다. 그렇게 되면 보시를 베풀 수가 없다. 재산이 다 없어지기 전에 배를 타고 외국으로 나가서 장사를 해와야겠다. 그러면 사람들에게 더 많이 베풀 수 있으리라.'

그는 아내와 자식들에게 자신이 집을 비우는 동안에도 보시를 게을리하지 말도록 당부하였다. 그리고는 몇 명의 하인을 데리고 양산을 들게 하고 신발을 신고서 여행에 나섰다. 그런 차림을 갖추지 않는다면 타는 듯한 폭염 속을 한 걸음도 나아갈 수 없기 때문이다.

한편 이때, 히말라야에서는 벽지불로 존경받는 수행자가 신통력으로 상카의 여행을 지켜보고 있었다. 벽지불은 그같은 신통력으로 상카가 타고 갈 배가 머지않아 해상에서 난파당할 것을 미리 알았다.

'어떻게 해서든지 저 덕이 높은 사람을 도와주어야겠다.'

벽지불은 곰곰이 생각하였다.

'그렇다, 지금부터 저 남자에게 다가가자. 신심이 두터운 그는 분명히 저 양산과 신발을 내게 보시할 것이다. 그가 해상에서 난파당할 때 나는 그 보답이라는 명목으로 그를 구제할 수가 있으리라.'

벽지불은 한 찰나에 공중을 가로질러 상카가 있는 곳과 아주 가까운 곳으로 내려왔다. 그 주변에는 격렬한 회오리바람이 모래를 실어나르고 있었다. 또한 발 밑의 모래는 마치 불에 달아오른 재처럼 뜨겁게 달아올라 있었다. 그같은 혹독한 무더위 속에서 벽지불은 상카가 있는 곳을 향해 다가갔다. 벽지불의 모습을 발견한 상카의 마음은 기쁨으로 가득찼다. 상카는 티없는 마음과 맑은 눈을 가진 사람이었다. 그런 그의 눈은 벽지불의 모습을 본 것만으로도 그 벽지불이 존귀한 사람임을 깨달았던 것이다. 그리고 이런 훌륭한 스승에게 보시할 수 있는 자신이 기뻤다.

상카는 급히 벽지불에게 달려가 공손하게 절을 올리며 말하였다.

"스승이시여! 이 나무 아래 앉으소서."

상카는 나무 아래에 자신의 웃옷을 깔고 그 위에 벽지불을 앉도록 권하였다. 깨끗한 물로 그의 발을 씻긴 뒤에 향유를 뿌렸다. 또한 자신의 신발을 벗어서 벽지불에게 신기고 양산을 내밀었다.

"스승이시여! 부디 이 물건을 사양치 말아 주소서. 조금이라도 더위를 가릴 수 있을 것입니다."

상카는 신심이 매우 두터운 사람이었기 때문에 이처럼 훌륭한 사람을 만난 것이 무척이나 기뻤다. 그리하여 그는 환희에 가득차 항해에 올랐다. 배는 엿새 동안 평온한 항해를 계속하였다.

그런데 이레째 되는 날, 배의 측면에 금이 갔다. 눈깜짝할 사이에 바닷물이 스며들었다. 물을 퍼내기가 불가능할 정도로 세찬 물살이 배 안으로 쏟아져 들어왔다. 사람들은 죽음의 공포를 느껴 신들에게 구제를 청하는 기도를 올리기 시작하였다.

상카는 이런 순간에도 터무니없이 겁에 질리지는 않았다. 하인 한 사람을 선발해서 자신의 몸에 기름을 바르게 하였다. 그리고 나서 먹을 수 있을 만큼 최대한 많은 음식을 먹었다. 두 사람은 함께 돛대에 올라서 뭍이니 방향을 가늠한 뒤 그 방향을 향해 바다로 뛰어내렸다. 배는 순식간에 침몰하였고 거의 모든 사람들이 그대로 바닷속으로 가라앉았다. 두 사람은 밤이고 낮이고 온 힘을 다해 헤엄쳐 나갔다. 바다에 뛰어든 지 일 주일이 지나는 동안 두 사람은 바닷물로 입술만을 축일 뿐 좁쌀 한 톨 먹지 못하였다.

한편 이때 하늘에는 마니메칼라라고 하는 여신이 하늘의 신인 사천왕[1]의 명령을 받아 바다를 수호하고 있었다. 이 여신의 가장 중요한 역할은 난파가 일어났을 때 만약 난파선에 덕이 높은 인물이나 효행이 뛰어난 자가 고통을 받고 있다면 즉시 그들을 구조하는 것이었다.

그런데 이 여신은 자신이 지키는 바다가 언제나 평온하자 꾀를 부리기 시작했다. 그래서 바다를 지키는 일을 게을리하며 칠 일 동안이나 빈둥거리며 놀러다녔다. 칠 일째 되는 날 문득 바다를 바라보니 상카와 그의 하인이 필사적으로 헤엄치고 있는 것이 아닌가? 여신은 혼비백산하고 말았다.

'저토록 덕이 높은 사람이 물에 빠져 죽게 되었으니 큰일이다. 이제 사천왕께 무슨 비난과 책망을 들어도 나는 할 말이 없게 되었다.'

여신은 황망한 마음을 진정시키며 황금 그릇에 먹을 것을 담아서 바람같이 상카에게로 달려갔다.

"상카여! 이레 동안이나 아무 음식도 먹지 못했군요. 그러니 그토록 피로해 있지요. 자, 이 음식을 조금이라도 먹도록 하세요."

여신은 파도 위에 서서 상카를 불렀다. 바다 위를 표류하느라 지칠대로 지쳐 있던 상카는 자신을 부르는 소리에 무의식중에 파도 위를 쳐다보았다. 꿈을 꾸고 있는 것은 아닐까? 아름다운 여인이 파도 위에 서있는 것이었다. 더구나 양손에는 일찍이 맡아 보지 못했던 향긋한 냄새를 풍기는 음식이 가득 담긴 찬란한 황금 그릇을 들고 있지 않은가!

"자, 어서 잡숫고 기운을 차리세요."

여신은 다시 상카에게 식사를 권했다. 상카는 자신이 지금 환각에 사로잡힌 것은 아닌가 생각했다. 하지만 분명히 저 옥구슬 구르는 듯한 음성은 똑똑히 그의 귀에 들렸으며 향긋한 냄새는 그의 코를 자극하고 있었다. 상카는 지칠 대로 지쳐버린 자신들을 잡아먹으러 온 야차[2]

나 귀신같은 것일지도 모른다는 생각이 들었다.

"음식을 그냥 가지고 떠나시오. 나는 단식하고 있는 중이오."

상카는 그렇게 말하면서 받지 않았다. 상카의 뒤에서 헤엄치고 있던 하인에게는 여인의 모습이 보이지 않았다. 들리는 것은 상카의 음성뿐이었다. 하인은 그토록 다정스런 주인이 너무나 지친 나머지 제정신을 잃고서 혼자 중얼거린다고 생각하였다.

"주인님! 정신을 차리셔야 합니다. 이렇게 지쳤을 때는 말을 아껴야 합니다. 그렇게 필요없는 말을 하시다간 더욱 피로해질 뿐입니다."

"걱정할 것 없다. 너에게는 보이지 않을지도 모르지만 지금 내 앞에는 황금 그릇을 든 아름다운 여인이 서있다. 먹을 것을 내밀면서 내게 권하지만 나는 지금 그것을 거절하고 있는 중이다. 이유없이 알지도 못하는 사람에게서 음식을 받을 수는 없지 않겠느냐?"

하인은 잠시 생각하고 나서 말하였다.

"주인님! 분명 그것은 야차의 수작일지도 모릅니다. 하지만 정말로 야차인지 한 번 물어보는 것도 그리 나쁜 일은 아닐 것같습니다."

과연 그렇다고 생각한 상카는 노래로 물었다.

　내 눈 앞에 나타난

아름다운 여인이여!
음식을 먹으라고 내게 권하고 있는
그대는 여신인가, 인간인가?

그녀는 그제서야 자신이 의심받고 있음을 깨닫고서
딱 부러지게 답하였다.

상카여! 나는 여신입니다.
사악한 존재는 아니지요.
당신을 붙잡고 있는 이 드넓은 바다에서
당신을 구제하려고 나는 왔답니다.
이렇게 편한 자리와 맛난 음식을 준비하였으니
상카여! 이밖에 더 원하는 것이 있다면
무엇이든 주저말고 청하세요.

상카는 다시 물었다.
"그대는 대체 무슨 이유에서 나를 도우려는 것입니까? 그대가 훌륭한 분이기 때문입니까, 그렇지 않으면 내게 뭔가 선행이 있었기에 그 보답에서 음식을 베푸는 것입니까?"
여신은 상카가 아직도 자신을 의심하고 있음을 알았다. 그래서 도와주러 나타난 이유를 노래로 일러주었다.

뜨거운 사막에서 피로에 지쳐
다친 발을 끌고 오던 벽지불이 계셨지요.
상카여! 그대는 신발을
정성스레 보시하셨습니다.
그대의 존귀한 선행의 과보가
나의 도움을 불러온 것이지요.

상카는 기쁨에 넘쳤다.
'오오, 한 켤레의 신발을 베풀었을 뿐인데 이렇게 커
다란 과보가 내게 오는구나.'
자신의 하찮은 선행이 그토록 벽지불을 기쁘게 했다
고 생각하자 그 자신도 한없이 기쁨에 넘쳐났던 것이다.
상카도 노래로 자신의 소망을 여신에게 전하였다.

물이 새지 않고
거친 바람을 맞아도 끄덕없이 바다를 헤쳐나갈
배를 제게 주소서.
아아, 이제야 내 도착하는구나, 그리운 몰리니에!

그의 바람은 금새 이루어졌다. 파도 위에서 금은으로
장식한 꿈같이 아름다운 배가 떠올랐다. 상카와 하인은
그 배에 올라탔다. 배는 엄청난 속도로 몰리니에 도착하
였다. 게다가 배 안에는 어느 사이엔가 보물이 가득 들

어차 있었던 것이다.

이로 인해 상카는 일생 동안 부유하게 지내면서 가난한 사람들에게도 끊임없이 보시를 하였다. 그래도 그의 재산은 줄어들지 않았다.

부처님께서 이렇게 전생이야기를 마치신 후 진리를 말씀하시자 그 자리에 있던 우바새는 예류과에 이르렀다. 그러자 부처님은 다시 말씀하셨다.

"그때의 그 여신은 지금의 저 연화색 비구니였다. 하인은 지금의 아난다였으며 그 상카는 지금의 나였다."

〈쟈타카 442〉

---

1) 제석천을 받들면서 불법과 불법에 귀의하는 사람을 수호하는 호법신으로, 수미산 중앙에 살고 있는 持國, 增長, 廣目, 毘沙門의 네 天王이다.
2) 사람을 해치는 사나운 귀신으로 여겨진다. 또한 불교에 흡수되어서는 비사문천의 권속이 되어서 북방을 수호하는 존재로 부상되었다.

7. 삼브라의 사랑

    이 전생이야기는 부처님께서 기원정사에 계실 때 승만왕비에 대해 말씀하신 것이다.

    승만왕비는 부처님께 세 그릇의 죽을 공양한 공덕으로 그날로 왕의 첫째 왕비의 지위에 올랐고, 또 전생에 심은 다섯 가지 선업으로 지혜가 있었으며, 부처님께 깊은 믿음을 지니고 있는 남편인 왕을 극진하게 모셨다. 그녀가 훌륭하게 내조를 하고 있다는 소문이 시내에 두루 퍼졌다. 어느 날 비구들이 법당에 모여 이야기를 나누었다.

    “법우들이여! 저 승만왕비는 자기 의무를 소홀히 여기는 일이 없으며 왕에게도 극진하게 정성을 다하고 있다.”

    그때 마침 부처님께서 그곳으로 오셔서 비구들에게 물으셨다.

"비구들이여, 지금 무슨 이야기를 나누고 있었는가?"

그러자 비구들이 사실대로 말씀드렸다. 부처님께서 비구들의 말을 들으시더니 이렇게 말씀하셨다.

"비구들이여, 그 왕비가 왕을 잘 받드는 것은 이번 생의 일뿐만이 아니다. 전생에도 그녀는 그렇게 정성스럽게 남편을 모셨던 것이다."

그리고 나서 비구들에게 그 전생이야기를 들려주셨다.

옛날, 바라나시의 브라흐마닷타왕에게 소티세나왕자가 있었다. 이 왕자에게는 삼브라라고 하는 이름의 비가 있었는데 더할 수 없이 아름다웠다. 그리고 진심으로 왕자를 사랑하고 있었다.

왕궁에는 왕과 왕자를 시중드는 궁녀들이 많이 있었다. 또한 왕자에게는 삼브라 왕자비 말고도 몇 명이나 되는 후궁들이 있었다. 여인들은 한결같이 아름답게 치장하였으며 저마다 왕자의 마음에 들기 위하여 애썼다. 왕자는 젊었으며 언젠가는 이 나라의 왕이 될 몸이었기 때문이었다. 하지만 왕자비 삼브라의 아름다움에 필적할 여인은 없었다.

어느 날, 삼브라는 남편인 소티세나의 손등에 작은 종기가 난 것을 발견하였다. 그녀는 뭔가 불길한 예감이 들어 그것을 의사에게 보일 것을 권하였다. 하지만 왕자는 대수롭지 않게 여겼다.

"신경쓸 것 없소. 이까짓 것쯤이야 손만 깨끗이 씻고
있으면 금새 사라질 것이오."

하지만 그것은 하루하루 아주 조금씩 커져갔다. 걱정
이 된 삼브라는 의사에게 보여줄 것을 남편에게 몇 번
이나 청하였다. 소티세나는 그런 아내의 청이 귀찮기도
하여 며칠이 지난 뒤에야 의사를 불러 자신의 손등을
살펴보도록 하였다.

그러자 의사의 표정이 급작스레 변하였다. 그리고 손
발을 비롯하여 온몸을 샅샅이 조사하기 시작하였다.

"고작 손등의 종기 가지고 무얼 그리 허풍이시오?"

소티세나는 그렇게 말하였지만 의사는 답하지 않았
다.

이윽고 진찰을 끝낸 의사는 공손히 머리를 숙이면서
왕자가 나병에 걸렸음을 알렸다.

"아뢰옵기 황공하옵니다만 병은 깊이 뿌리를 내렸습
니다. 도저히 손을 쓸 수가 없는 단계에 와있으며 저로
서는 감히 치료할 수 없습니다."

의사는 그렇게 말하면서 고개를 떨구었다.

소티세나는 아무런 말도 할 수가 없었다. 가슴에 커다
란 구멍이 뚫려 그 사이를 바람이 휘휘 휘젓고 다니는
것만 같았다.

이야기를 듣고 있던 삼브라가 달려가 그런 남편을 위

로하려 하였다.

"의사는 이 한 사람만 있는 것이 아닙니다. 더 뛰어난 사람이 얼마든지 있습니다. 게다가 당신은 아직 젊고 건강한 몸이 아니십니까? 어떤 병이라도 금방 치유될 수 있을 것입니다."

하지만 남편은 아무런 말도 하지 않고 방을 나가버렸다. 삼브라는 어떻게든 졸라서 하루라도 빨리 의사에게 보이지 못한 것을 가슴을 치며 후회하였다. 소티세나는 후궁과 궁녀들이 있는 곳으로 가 보았다. 그런 사실을 알지 못하는 여인들은 자지러지게 웃으며 왕자를 에워쌌다. 하지만 왕자는 조금도 즐겁지가 않았다. 흥을 돋우려 연주하고 있는 악기 소리도 귀에 거슬릴 뿐이었다.

"멈춰라!"

왕자는 소리지르며 악기들을 마구 발로 찼다.

'어떻게 이런 불행한 일이 내게 일어날 수가 있단 말인가?'

그는 거듭거듭 스스로에게 물어보았다.

그후 나라에서 용하다는 의사가 속속 왕궁으로 불려왔다. 하지만 모든 이들의 의견은 한결같았다. 왕자는 아주 고약한 나병에 걸렸으며, 이미 손쓸 수 없을 정도로 깊어졌다는 진단이었다. 간혹 치료해보겠다고 나서는 의사들도 있었으나 아무런 효과를 보지 못하였다.

그러는 사이 소티세나의 병은 점점 악화되었다. 손발

의 종기에서는 고름이 나오기 시작하였다. 이따금 문병을 오던 후궁들과 궁녀들도 왕자의 끔찍하게 변해가는 모습에 겁을 먹고 근처에 얼씬도 하지 않게 되었다. 오직 삼브라만이 변함없이 남편을 위로하며 시중을 들고 있었다. 그녀는 언제나 웃는 얼굴을 남편에게 보여주었는데 오히려 이전보다 더욱 명랑한 듯 보였다.

이윽고 의사들도 소티세나를 포기하였다. 언제나 신하와 궁녀들에 둘러싸여 있던 왕자도 왕궁에서 숨어지내게 되었으며, 그의 청춘도 탄력도 힘도 차츰 사라져버렸다. 이따금 삼브라 이외의 여인이 다가오기도 하였지만 그것은 왕자가 얼마나 비참해져 가는가를 구경하러 오는 것과 진배없었다.

어느 날 또다른 종기 하나가 썩어가 고름이 흘러내리는 것을 보면서 왕자는 생각하였다.

'결국 나는 내 몸이 썩어가기를 기다리고 있는 것밖에는 달리 할 수 있는 일이 하나도 없다는 말인가! 내 비록 이 나라의 왕자로서 장차 왕위에 오를 몸이요, 권력과 재산을 내 맘대로 부릴 수 있는 지위라 하더라도 그것이 내 병을 낫게 해줄 수는 없다. 이렇게 무력하게 앉아서 나의 영화롭던 시절을 알고 있는 사람들에게 허물어져가는 내 육신을 보여주느니 차라리 숲 속에서 혼자 고요히 죽어가리라.'

브라흐마닷타왕도 삼브라도 그런 그의 고집을 꺾으려

하였지만 그의 결심은 흔들리지 않았다. 마침내 그는 모든 것을 던져버리고 성을 나섰다. 그러자 남편의 마음을 충분히 헤아리던 삼브라도 숲의 생활에 필요한 도구를 챙겨들고 홀로 소티세나의 뒤를 따랐다. 그들을 따라가려는 자는 아무도 없었다.

숲에 들어간 두 사람은 호수 가까이에 초라한 오두막을 지었다.

'이런 오두막이라면 사자나 호랑이가 쉽게 들어올 수 있을 것이다. 그러면 내가 썩어가기 전에 맹수가 먼저 끝장을 내줄지도 모를 일이다. 하지만 이런 내게 놈들이 눈길이라도 한 번 주려는지…'

소티세나는 그렇게 생각하면서 혼자 피식 웃었다. 정말로 무서운 맹수들이 사는 깊은 숲 속으로 들어와버렸던 것이다.

그런데 삼브라를 보니 그녀는 두려워하기는커녕 전보다도 더 아름답고 생기 있어 보이는 것이 아닌가!

'여인이란 정말 알다가도 모를 존재다. 아무리 남편이라고 해도 이렇게 망가진 나를 물리치지도 않으니… 삼브라 정도의 미모라면 그 누구에게든 금방 눈에 뜨일 것이다.'

그렇게 생각하자 소티세나는 조금 불안해졌다. 본래는 혼자 숲 속에 들어올 작정이었지만 삼브라가 곁에 있게 되자 그런 사실이 그의 마음을 약하게 만들고 만

것이다.

어찌되었든 숲 속에서 며칠 지내보니 과연 삼림의 생활은 쾌적하고 안락하였다. 끔찍한 맹수가 두 사람 앞에 나타나는 일도 없었을 뿐더러 아무도 찾아오지 않아 궁전에서처럼 숨 죽이며 문을 닫고 숨어지낼 필요가 없어졌다. 숲의 공기는 신선하였으며 새와 동물의 울음소리는 아름다워 듣고 있자면 한없이 기분이 좋아졌다.

아주 세심한 부분에까지 신경을 써 주는 삼브라의 시중도 그 한 요인이었다. 그녀는 아침 일찍 일어나서 먼저 오두막을 깨끗이 청소하고 물을 뿌렸다. 그리고 나서 남편이 세수를 하고 나면 상처에 약을 발라준 다음, 양치질을 하고 손을 씻은 후 남편에게 줄 과일을 따러갈 준비를 하였다. 남편에게 말을 걸어서 기운을 북돋운 뒤에 그녀는 도구를 챙겨서 깊은 숲 속으로 들어갔다. 숲에서는 나무 열매이나 야채들을 모았다. 하지만 충분히 익은 과일이 눈에 뜨이지 않게 되자 그녀는 매일 조금씩 더 깊은 숲 속으로 걸어들어가야 했다. 그래서 아침에 과일을 따러 가면 저녁이 되어서야 간신히 오두막에 돌아올 수 있을 정도로 깊은 숲 속을 헤매고 다녔다.

그녀는 오두막에 돌아오면 곧 물을 떠와서 정결한 모래로 소티세나의 몸을 씻겼다. 따 가지고 온 과일로 저녁 식탁을 꾸미고 그것을 먹게 한 후에 자신은 남은 것을 먹었다. 그리고 나면 숨을 돌릴 사이도 없이 자리를 펴고 남편의 이부자리를 보살폈다. 그리고 남편이 누운 뒤에는 발을 씻기고 잠시 안마를 해주었다. 그래서 남편이 잠들면 그 곁에서 잠드는 것이었다. 이것이 삼브라의 하루 일과였다.

그런데 그런 생활을 하면서도 그녀는 피로한 기색을 보이지 않고 오히려 더욱 아름다워져 갔다. 소티세나도 때때로 그녀의 얼굴을 흘낏 쳐다보고는 놀랄 정도였다.

하지만 그는 아내에게 다가가려고 하지 않았다. 그는 생각했다.

'삼브라는 점점 생기가 도는데 나는 점점 추해지고 있지 않은가. 정말이지 여자란 알 수 없는 존재다. 이런 나에게 어쩌자고 이토록 정성을 다하고 있는 것인가?'

그렇게 생각하면서도 삼브라의 시중에 몸을 맡기고 있자면 마치 자신이 어린아이라도 된 것만 같아져, 의지하려 하지 않는 마음과는 달리 저절로 안락한 기분이 들곤 하는 것이었다.

삼브라의 마음은 지금까지와는 전혀 다르게 상쾌해져 갔다. 숲에 들어서면서 조금이라도 많은 과일을 조금이라도 빨리 남편에게 가져가려고 온 힘을 다하였다. 피곤한 것도 아무런 고통이 되지 않았다. 실제로 그녀가 지금까지 소티세나를 자신만의 남편으로 느껴본 적은 없었던 것이다. 풍요롭게 지내던 왕궁에서 다른 여인의 처소에 있는 왕자를 말없이 기다려야만 했던 생활에서는 결코 맛볼 수 없었던 기쁨이었다.

이리하여 두 사람의 생활은 평화롭게 흘러갔다.

어느 날 오후 삼브라는 언제나처럼 나무 열매와 채소를 구하러 깊은 숲 속을 헤매고 다녔다. 생각처럼 모아지지 않자 그녀는 지금까지 가본 적이 없는 곳으로 가보기로 하였다. 그곳에는 작은 못이 하나 있었다. 조금씩 조금씩 계곡에서 떨어지는 물이 매우 시원하게 느껴졌다. 물의 흐름이 세차 보이지 않아 그녀는 발을 담가보았다. 차면서도 기분이 좋았다. 물도 아주 맑았다. 삼브라는 목욕을 하기로 마음먹고 바구니와 도구를 물가에 놓았다. 서서히 물 속으로 들어가 몸을 씻고 물장구를 치자 지금까지의 피로가 말끔히 가시는 듯하였다. 그녀는 머리를 감기 위해 묶여 있던 머리를 풀어헤쳤다. 머리를 감고 나서 그녀는 물가로 올라가 머리를 빗었다. 젖은 삼브라의 머리는 흑갈색으로 빛났고 머리카락 끝에서는 물방울이 똑똑 떨어졌다. 피부색은 눈이 부실 정도였다. 아무런 장식을 하지 않아도, 그리고 이런 숲 속에 누구 한 사람 그녀를 알아보는 이가 없어도 그녀는 정말 빛이 나도록 아름다웠다.

그런데 마침 그때 숲 속에 살면서 사람을 잡아먹던 귀신이 그녀의 모습을 발견하였다. 귀신은 송곳니가 삐죽 나와 있고 일곱 가닥으로 묶인 머리털이 흘러내렸으며, 뒤룩뒤룩하게 큰 두 눈을 빛내면서 두리번거렸다. 귀신은 연못에 있는 삼브라가 인간임을 알아차리자 서둘러 다가갔다. 그 아름다움에 넋을 잃고 말았던 것이다.

"이거 아주 큰 횡재를 했는걸."

귀신은 자신도 모르게 감탄을 연발하면서 마침 옷을 입고 있던 삼브라 곁으로 가서 얼굴을 불쑥 내밀었다. 그리고 난데없는 귀신의 출현에 놀라 비명지르는 삼브라에게 말하였다.

"우하하하, 겁먹을 필요 없다. 내가 처음 너를 봤을 때는 나와 같은 귀신인가 했지만 틀림없는 사람이구나. 게다가 여자가 아닌가? 대체 이 깊은 산 속에서 뭘 하고 있는게지?"

귀신은 히죽히죽 웃으며 삼브라 주위를 집요하게 맴돌았다. 그녀는 급히 몸을 숨기고 정신을 가다듬으며 답했다. 자신이 겁을 집어먹었다는 것을 눈치채게 해서는 안 된다고 생각했던 것이다.

"내게 추근대지 말고 썩 저리로 물러나시오. 나는 병이 들어 숲 속 오두막에 누워있는 남편을 간호하며 지내고 있소. 자, 나를 가로막지 말고 어서 사라지시오."

하지만 귀신은 그 말을 듣고 낄낄낄 웃으며 답하였다.

"이히히, 병든 남편이라고? 그거 아주 잘됐군. 그런 놈은 아예 깨끗이 잊고 내게로 오는 것이 어때? 아, 물론 내가 사는 산에는 사백 명이나 되는 여자가 있기는 하지만 모두들 너만큼 예쁘지는 않아. 네가 아주 내 맘에 드니 내 아내로 삼기로 하지."

그리고서 삼브라의 손을 잡았다. 삼브라는 기겁을 하며 잡힌 손목을 빼려고 몸부림을 쳤다.

"어렵쇼, 이러면 곤란하지. 자, 나를 따라오라구. 남부럽지 않은 호화로운 생활이 너를 기다리고 있다니까. 그래도 싫다면 하는 수 없지. 일단 내 마음에 든 이상 너를 다른 놈에게 빼앗기고 싶지는 않으니까 이 자리에서 내 아침밥으로 너를 잡아먹을 수밖에…"

귀신은 그렇게 말하고서 삼브라를 잡아당겼다. 두 눈은 시뻘겋게 충혈되고 거친 숨을 몰아쉬며 침을 뚝뚝 떨구었다.

삼브라는 온 힘을 다해 발버둥을 쳐보았지만 귀신의 힘을 당해낼 수가 없었다. 소티세나가 아른거렸다.

'이대로 돌아가지 못한다면 그는 어떻게 생각할까? 늦더라도 그에게 돌아가야만 할텐데… 하지만 만약 끌려가거나 잡아먹힌다면… 그는 지금 아이가 부모를 기다리듯 나를 기다리고 있을거야. 내가 자기를 배신했다고 생각할지도 몰라. 버림받았다고 생각할지도 모를 일이야. 아아, 소티세나는 얼마나 절망할까? 나 때문이라며 한탄할지도 몰라. 그래, 지금 이 사정을 그가 알지 못하면 그는 의심과 한탄 사이에서 번민할거야. 모처럼 얻은 행복을 이런 식으로 마칠 수는 없다. 죽더라도 지금까지 마음을 주고 받았던 남편에게 회한을 남길 수는 없지.

그건 내가 견딜 수 없는 일이니까.'

삼브라는 귀신의 손아귀에 잡힌 채 소리질렀다.

"네 아무리 귀신이라지만 이렇게 무도한 짓을 범해도 좋단 말인가! 정의를 지키고 있는 하늘의 신들은 모두 어디에 계신단 말이냐!"

그러자 그 목소리가 하늘을 두드렸다. 그녀의 마음이 통했던지 그 순간 하늘의 신인 제석천이 사는 궁전이 들썩거렸고 제석천이 앉아 있는 돌의자가 달아올랐다.

깜짝 놀란 제석천이 얼른 일어서 지상을 내려다보았다. 그러자 삼림에서 무슨 일인가가 일어나고 있는 것이 아닌가! 그대로 한걸음에 뛰어 내려가 삼브라를 끌어안고 있는 귀신의 머리 위에 우뚝 섰다.

"이 무슨 짓이냐! 분수를 알아도 정도껏이어야지. 대체 어찌할 셈이더냐? 어서 그 더러운 손을 거두어라. 그러지 않으면 이 자리에서 네 머리를 일곱 조각 내고 말리라."

그렇게 말하면서 귀신의 머리를 발로 쾅쾅 밟아댔다. 그러자 놀란 귀신은 삼브라를 놓아주었다.

제석천은 즉시 귀신을 붙잡아서 하늘의 쇠사슬로 칭칭 동여맨 뒤에 산 저편으로 던져버렸다. 그리고 고마움을 표하는 삼브라에게 기운을 차리도록 격려를 하고서 하늘로 돌아갔다.

삼브라는 급히 매무새를 가다듬고 오두막으로 향하였

다. 그녀의 머리는 황망한 일을 만난 터라 형클어져 있었다. 게다가 집으로 돌아가는 도중에 날이 저물고 말았다. 가슴을 졸이면서 그녀는 홀로 달빛을 벗삼아 길을 재촉하였다.

한편 소티세나는 하염없이 아내를 기다리고 있었다. 이미 해는 저물어버렸다. 그래도 삼브라는 돌아오지 않았다.

'무슨 일이 일어났단 말인가? 혹시 맹수나…'

불길한 일만이 그의 머리 속에 떠올랐다. 그는 애써 그런 생각을 털어버리려는 듯 고개를 휘저으며 밖으로 나갔다.

'삼브라는 반드시 돌아올 것이다.'

그는 스스로에게 이렇게 말해보았다. '아내를 잃는다면…' 생각만해도 심장이 멎어버리는 것같았다. 소티세나는 달빛을 받아 환히 빛나는 강가를 힘없이 걸어다녔다. 문득 강을 내려다보니 자신의 모습이 비치었다. 아무런 생각없이 그 모습을 내려다보다가 자신도 모르게 오싹 소름이 끼쳤다. 강에 비친 자신은 허물이 벗겨지는, 추하기 그지 없는 모습이었던 것이다.

'나는 참으로 어리석은 사내로다. 벌써 잊었는가, 궁궐의 여인들이 모두 얼굴을 돌리던 그 순간들을?'

그렇게 생각하는 순간, 마치 첫사랑에 온몸을 불태우던 그런 애절한 마음으로 삼브라를 기다리고 있는 자신이 더없이 어리석게 느껴졌다.

그때 누군가 허겁지겁 오두막을 향해 달려오고 있는 모습이 눈에 띄었다.

"삼브라다!"

그는 그때까지 온갖 상념과 불안에 시달리던 시름을 말끔히 잊었다. 하지만 다음 순간 그의 마음은 굳게 빗장을 닫아걸기 시작했다. 그리고 마음 속에는 더할 수 없는 의심이 차오르기 시작했다. 달빛에 모습을 드러낸 삼브라의 머리는 산발인 채였고 옷 매무새도 엉망으로 흐트러져 있었다.

"소티세나, 소티세나!"

삼브라는 그의 모습이 보이지 않자 숲을 향해서 그의 이름을 불렀다. 뭔가 불길한 일이 벌어진 것은 아닐까 불안하기 그지없었다.

소티세나는 나무 그늘에 숨어서 물끄러미 그 모습을 지켜보고 있었다. 아무리 불러도 대답이 없자 삼브라는 급기야 오두막 앞에 쓰러져 울음을 토해내었다. 소티세나는 그런 아내의 모습을 보고도 움직이지 않았다.

하지만 잠시 후, 그는 나무 그늘에서 나와 오두막 앞으로 돌아갔다. 삼브라는 남편을 보자 얼른 그의 발을 부여잡고 눈물을 흘리며 말했다.

"얼마나 걱정하였는지… 이런 시간에 어디 계셨습니까?"

그 말을 들은 소티세나는 그녀를 노려보았다.

"삼브라, 지금 네가 한 질문을 그대로 너에게 던지고 싶구나. 너야말로 지금 어디에 있다가 오는 것이지? 누구를 만났느냐 말이다."

그녀는 순간 남편이 화를 내고 있는 이유를 알았다. 그는 의심과 질투를 하고 있는 것이었다. 그러자 삼브라는 먼저 남편을 진정시키기 위해 자신이 늦게 돌아온 것을 사과하고 숲 속에서 일어난 일을 이야기하였다. 귀신의 습격을 받았지만 제석천의 도움으로 살아남은 이야기 등을.

그러나 소티세나는 그녀의 해명을 듣자 더욱 화가 났다.

"거짓말 마라. 그대의 입에서 진실을 듣고자 내가 바랐을 성 싶은가? 나를 속이려거든 제법 그럴싸한 거짓말로 둘러대지 그래?"

그녀는 소스라치게 놀라며 자신의 말이 사실임을 남편에게 이해시키려 하였다. 하지만 그러면 그럴수록 남편의 의심은 더욱 커갔고 그는 더욱 화를 내었다.

"그대는 이렇게 추해진 나를 바보로 만들 셈이로구나. 마음 속으로는 나를 비웃고 있겠지?"

자기비하에 빠진 소티세나는 이런 말들을 거침없이 뱉어내었지만 도리어 자신에게 상처를 줄 뿐이었다.

삼브라는 입을 다물었다.

'끝없는 말싸움일 뿐이다. 아무리 대화로 오해를 풀어보려고 해도 그는 믿어주지 않으리라. 그렇다고 해서 이대로 입을 다물어버리면 그의 의심은 더할 나위 없이 커져가리라. 절대로 그리 되어서는 안 된다. 그렇다면 귀신에게 잡혀간 것과 무엇이 다르랴.'

그녀는 그렇게 생각하고서 다시 한 번 자신의 믿음에 의지하기로 하였다. 그래도 남편의 의심을 풀지 못한다면 그대로 죽어버리리라 생각하였다.

"내 말을 믿어주시지 않는다면 시험해 보기로 하지요."

"시험이라구?"

"그렇습니다. 만약 귀신으로부터 나를 구제해준 힘이 진실하다면 그 힘은 당신의 병도 치료해줄 수 있을 거예요."

삼브라는 단호하게 말하고 나서 물이 든 항아리를 손에 들고 기도하기 시작하였다.

진실이야말로 그대를 지켜주리라.
만약 그렇다면 진실이여!
이런 내게 가피를 내리소서.
나는 남편 아닌 다른 이를 사랑하지 않았네.
남편보다 더 사랑하는 이가 내겐 없나니
오오, 이 말이 진실하다면

내 남편의 병은 치유되리라.

기도를 하면서 삼브라는 그 물을 남편의 머리에 부었다. 그러자 기적이 일어났다. 소티세나의 몸에 났던 종기들이 물에 씻겨지는 양 사라져가는 것이 아닌가! 허물이 벗겨지던 피부도 그 순간 말끔히 사라져 예전의 빛나던 살결을 되찾았다. 무거운 짐을 부려놓은 듯 그의 몸은 더할 수 없이 가볍고 상쾌해졌다.

어둠이 걷히고 아침이 되었다. 자리에서 일어난 두 사람은 어젯밤의 일이 꿈이 아닐까 두려워졌다. 하지만 그의 손과 발 그 어디에도 종기는 남아 있지 않았다.

그토록 그를 괴롭혔던 병이 말끔히 치료되고 2, 3일이 지나자 그는 삼브라와 함께 숲 속을 산책할 수 있게 되었다. 마침내 삼브라보다 앞장서서 걸어다닐 수 있을 정도로 건강을 되찾았다.

삼브라는 그런 그의 모습을 보고 마치 자신의 어린 아들이 굳건히 대지를 밟고 걸음을 옮기는 모습을 보는 양 착각에 사로잡혔다. 기쁨에 사로잡혀 남편의 모습을 바라보다가 문득 이런 생각이 들었다.

'걸음을 시작한 아이는 이윽고 혼자 힘으로 이리저리 걸어다니다가 급기야는 부모와 집을 멀리 떠나가지 않던가!'

고개를 들어보니 남편의 모습이 보이지 않았다.

삼브라의 사랑

"소티세나!"

그녀는 소리를 질러댔다.

그는 아내의 목소리에 놀라서 황망히 나무 그늘에서 나왔다. 잠깐 아내를 놀래주려 했을 뿐인데 삼브라는 그가 모습을 드러내자 겁에 질린 채 그에게로 달려왔다.

'여자란 정말 알다가도 모를 복잡한 존재이다. 어젯밤까지만 해도 아내는 혼자 깊은 숲 속을 돌아다니지 않았던가?'

그는 삼브라가 두려워하는 까닭을 알 수 없었다. 그녀의 본심을 여전히 믿을 수 없었던 것이다.

며칠이 지나서 두 사람은 바라나시의 왕궁으로 향하였다. 소문은 온 도시에 퍼져 브라흐마닷타왕의 귀에도 들어가 왕은 두 사람을 맞이하기 위해 몸소 왕궁 밖까지 나왔다. 이윽고 병사들과 화려하게 단장한 사람들의 행렬이 초라한 차림의 두 사람을 에워쌌다.

왕은 말끔히 치료되고 건강해진 왕자의 모습을 자신의 눈으로 직접 확인하고나서 크게 기뻐하였다. 그리고 그렇게 되기까지의 경위와 숲 속에서 그들이 지내던 생활들을 전해듣고 삼브라의 노고를 진심으로 크게 치하하였다. 왕은 이제 소티세나에게 왕위를 물려줄 때가 되었음을 깨달았다.

마침내 왕성에서는 소티세나의 즉위식이 화려하게 거행되었다. 삼브라는 왕비가 되었다. 브라흐마닷타왕은 왕위를 물려준 뒤에 고행자가 되어서 수행하기로 결심하였다. 때때로 왕궁을 들러보는 것 이외는 밖으로 나가서 수행을 시작하기로 하였다.

다시 과거의 생활로 돌아왔다. 숲 속에서 고통스럽게 생활했을지라도 삼브라의 아름다움은 변함이 없어 여인들은 그것을 시샘하였다.

소티세나는 처음에는 여인들을 가까이하지 않고 왕국을 평화롭게 다스려 나갔다. 그리고 이전의 힘을 되찾으면서 다시금 자신감에 넘쳐나기 시작하였다.

그는 삼브라를 소중하게 여겼으나 숲 속에서의 일 때문에 왠지 열등감같은 느낌을 지니고 있었다. 자신이 왕임에도 불구하고 삼브라가 더 상위에 있는 듯한 기분이 들기도 하였다. 자연히 숲 속에서의 생활을 상기하는 일조차 고통스러워져 그는 아내를 멀리하기 시작하였다.

다른 여인들은 그런 그의 모습을 확인한 순간 그를 에워싸기 시작하였다. 그는 점점 그녀가 두려워하는 일들을 하였다. 그렇게 함으로써 그녀에 대한 열등감으로부터 조금씩 벗어나는 것같은 기분이 들었다. 삼브라는 점점 야위어만 갔고, 아름답던 피부도 거칠어지고 빛을 잃고 말았다. 소티세나는 그런 모습들을 보고도 못 본 척하였다.

그러던 어느 날 왕궁에 잠시 들른 부왕이 삼브라의 야윈 모습을 보고 놀라서 물었다.

"삼브라여! 도대체 어찌된 일이냐?"

그리고 부왕은 그 이유를 알아보았다. 그는 삼브라를 물러가게 하고 소티세나를 불렀다.

"소티세나여! 그대는 삼브라가 요즘 어떻게 지내고 있는지 알고나 있는가?"

"제 아내들 가운데 한 사람이니 당연히…"

소티세나는 답하였다.

"그렇다면 그녀는 지금 어떤 방에서 기거하고 있는가?"

"……"

소티세나는 답할 수가 없었다.

"과연, 답할 수가 없겠지. 그녀에게 가장 기쁨이 되는 일이 무엇인지 그대는 아는가?"

이전의 왕이었던 수행자가 물었다. 하지만 소티세나는 여전히 답할 수가 없었다.

"삼브라의 행복은 그대와 함께 지내면서 사랑으로 마음을 주고받는 것이다. 그밖에는 그녀에게 행복을 안겨주는 일이란 없다. 숲 속에서 생활이 고통스러웠을지라도 그녀가 아름다웠던 것은 바로 그 때문이었다. 그리고 지금 그녀가 수척해져 있는 것도 바로 이 때문이다. 다른 여인들은 그대가 병들었을 때나, 건강했을 때나 한결같이 아름답게 치장하고 있었다. 여인의 응석을 받아주는 남자는 많지만 남자에게 진정으로 도움이 되는 여인은 찾아보기 힘들다. 소티세나여! 삼브라는 그런 여인인 것이다. 배신해서는 안 된다. 눈을 떠라, 소티세나여!"

이제는 수행자가 된 그의 부왕은 그렇게 말하고 나서 왕궁을 떠나갔다.

소티세나는 그 순간 눈 앞이 환히 밝아지는 것을 느꼈다. 숲 속에서 분명히 알지 못했던 아내의 마음과 자신의 마음을 이제야 모두 이해하게 되었던 것이다. 그는 그만큼 자신이 삼브라의 마음에 그림자를 드리웠음을 깨달았다. 실은 그녀를 걱정하면서도 일부러 그녀로부터 멀어져 보기도 하고 의심하기도 한 자신이 얼마나 어리석었는가 생각하니 몹시 부끄러워졌다. 그리고 그런 자신의 행동이 삼브라를 얼마나 괴롭혔던가를 생각하니 그는 견딜 수가 없었다.

소티세나는 삼브라를 찾았다. 그리고 무조건 그녀의 용서를 빌었다. 이번에는 애써 피하려 하지 않고 그녀의 마음을 확인하고 가능하면 예전처럼 자신을 보살펴주었으면 하는 바람을 피력하였다. 그리고 삼브라 앞에서 자신은 더이상 왕도 그 무엇도 아니라고 맹세하였다.

"지금의 나의 권력과 재산도 모두 당신의 것이오. 그 힘으로 나를 사형에 처한다면 나는 기쁘게 그에 따를 것이오."

삼브라는 소티세나를 받아들였다. 그리고 두 사람은

평생 다정하게 일생을 보내었다.

　부처님께서는 이렇게 전생이야기를 마치시고 나서 덧
붙여 말씀하셨다.
　"비구들이여, 그때의 삼브라는 지금의 저 승만왕비요,
소티세나는 지금의 코살라왕이며, 부왕이었던 수행자는
바로 나였다."

〈쟈타카 519〉

8. 불 속에 핀 연꽃

이 전생이야기는 부처님께서 기원정사에 계실 때 아나타핀디카 장자에 대해 말씀하신 것이다.

아나타핀디카 장자는 부처님과 기원정사를 위해 실로 수많은 그의 재산을 모조리 희사하였다. 그리고 부처님과 진리와 승가의 삼보만을 받들었으며 그 이외의 종파나 논사들을 모시지 않았다. 뿐만 아니라 하루에 세 차례씩 부처님과 승가에 나아가 필요한 생활필수품들을 대어주고 수시로 불편한 점이 없는지 살펴보았다. 자신의 집까지도 승단에 희사하였기 때문에 부처님과 그 제자들은 수시로 그의 집을 왕래하였다. 그러자 그 집의 기둥에 살던 사악한 여신은 마음이 불안해졌다. 그리하여 아나타핀디카 장자의 하인을 비롯하여 그의 식솔들에게 부처님을 따르지 말도록 회유와 협박을 하였다. 하지만 그들은 사악한 여신의 말을 듣기는 커녕 도리어

바른 법에 귀의하도록 여신을 꾸짖었다. 마침내 여신은 장자의 두터운 신앙의 힘과 부처님의 위신력에 감화를 받아 불법에 귀의하게 되었다.

어느 날 이같은 사정을 이야기하던 비구들에게 부처님께서 말씀하셨다.

"비구들이여, 저 아나타핀디카 장자의 끝없는 보시는 비단 이번 생의 일뿐만이 아니다. 그는 전생에도 기둥에 살고 있는 사악한 여신의 방해를 받으면서도 보시를 멈추지 않았었다."

그리고 비구들의 청에 따라 그 전생이야기를 들려주셨다.

옛날 바라나시에 아주 부유한 상인이 살고 있었다. 매우 정이 깊은 사람으로 언제나 보시를 게을리하지 않았던 그는 수많은 가난한 사람들에게 존경을 받으며 지냈다.

어느 날, 상인은 도시에 있는 사대문과 중앙의 거리, 그리고 자신의 집 앞에 각각 보시당을 세웠다. 그리하여 먹을 것과 옷가지며 기타 살림살이들을 가난한 사람들에게 보시하면서 자신은 엄격하게 계율을 지키는 포살행[1]에 들어갔다.

마침 그때, 홀로 깊은 산에 들어가 수행에 전념하고 있던, 벽지불이라 존경받던 수행자가 이레 동안의 단식을 끝내고 탁발을 하러 거리로 나섰다.

"그렇다, 오늘은 바라나시의 상인 집에 가보기로 하자."

벽지불은 자리에서 일어나 목욕을 하러 호수로 갔다. 목욕을 마친 뒤에 신통력으로 만든 흙발우를 들고 조용히 주문을 외웠다. 그러자 벽지불의 몸은 그대로 허공에 붕 떠올라 바라나시를 향해 나아갔다.

벽지불의 발은 흙 위를 밟는 듯 천천히 움직이고 있었다. 하지만 그 속도는 새나 구름보다도 빨랐다. 눈 아래로 산과 들이 잇달아 지나갔다. 그리하여 순식간에 바라나시에 도착하였다.

벽지불은 부유한 상인의 집 위에 그대로 멈춰서 물끄러미 아래를 내려다보았다. 마침 식사 때가 되어서인지 마당에 만들어진 식탁 위로 하인들이 아름다운 그릇에 가득 담긴 음식들을 나르고 있었다. 문 앞의 보시당에서는 많은 빈민들이 줄을 지어 서있었다. 벽지불은 향긋한 음식 냄새에 이끌린 듯 천천히 허공에서 내려왔다.

이윽고 상인이 식탁 가까이 다가왔다. 그리고 의자에 앉으려던 찰나 무심코 허공을 바라보았을 때 벽지불이 공중을 걸어서 자신이 있는 곳으로 내려오고 있는 광경을 목격하였다. 상인은 황망히 의자에서 일어나 손을 모으고 진심으로 경의를 표하면서 말하였다.

"자, 어서 이리로 내려 오소서!"

불 속에 핀 연꽃

그리고 나서 가까이 있는 하인에게 명하였다.

"존귀하신 벽지불께서 탁발하러 오셨다. 어서 공양올
릴 음식을 가지고 오너라."

하인이 부리나케 부엌으로 달려갔다.

하인이 모습을 감춘 부엌의 외진 그늘에서 악마가 모
습을 드러냈다. 악마는 주위를 두리번거리다가 공중의
벽지불을 쳐다보고는 빈정거리듯 말했다.

"분명 저 벽지불은 이레 동안 단식을 하고서 이곳으
로 왔을 것이다. 만일 오늘 아무 음식도 먹지 못한다면
그는 굶어죽을 것이 틀림없다. 옳거니, 이제부터 이 상인
의 보시를 좀 방해나 해볼까?"

악마는 그렇게 말하고서 몸을 부들부들 떨면서 괴상
한 주문을 읊조렸다. 그러자 바로 눈 앞의 마당에 엄청
난 구멍이 열리더니 마치 거대한 아궁이처럼 그 속에서
불이 치솟아 올랐다. 불은 마당 가득히 번져갔다. 확ㅡ,
확ㅡ, 소리내며 치솟는 불길은 마치 화염지옥을 연상케
하였다.

악마는 손으로 바람을 일으켜 불을 더욱 치성하게 붙
이면서 공중으로 날아올라 노래부르듯 말했다.

"자, 타올라라, 타올라라. 활활 타올라 보시를 방해하
렴!"

음식을 가지러 갔던 하인은 눈 앞에서 솟아오른 불기
둥을 보고 기절하듯 놀라 소리질렀다.

“주인님, 큰일 났습니다. 마당이 온통 불바다입니다.”

“불바다라고? 대체 무슨 뚱딴지같은 소리를…”

상인이 뒤를 돌아보는 순간 하늘까지도 태울 듯한 엄청난 화염이 거대한 아궁이 속에서 솟아오르고 있었다. 상인은 불기둥을 물끄러미 지켜보면서 말했다.

“으음, 예사일이 아니다. 악마가 장난치는 것임에 틀림없다. 자, 사악한 악마여! 내가 벽지불께 공양올리는 것을 방해할 셈이로구나! 나는 백천 가지 악마의 방해를 받아왔다. 하지만 이제 호락호락 넘어갈 자가 아님을 보여주리라!”

상인은 자신의 그릇을 양손으로 꼭 잡고서 치성하게 타오르고 있는 화염을 향해 걸어들어갔다. 불 가까이 다가가서 위를 쳐다보니 화염에 휩싸여 보일 듯 말 듯하게 괴이한 자가 모습을 드러냈다.

“너는 누구냐?”

상인은 외쳤다.

“나 말인가? 나는 악마다.”

“이 불기둥은 그대의 짓이로구나.”

“물론 그렇지.”

“어째서 이런 짓을 하는겐가?”

“후후후, 그대의 보시행을 방해하고 싶어서다. 그러면 저 벽지불도 굶어죽을 게 아닌가?”

악마는 기분 나쁜 웃음을 웃으며 여전히 손으로 불길

을 일으키고 있었다.

"나는 보시행을 방해받을 수도 없거니와 벽지불의 목숨을 끊어지게 할 수는 더더욱 없다. 자, 지금부터 그대와 나, 어느 쪽의 힘이 더 센가 내기해보기로 하자."

"뭐라고 중얼대는 게냐? 너 따위가 나를 이긴다구?"

악마는 상인의 말을 비웃었다. 상인은 거대한 불화로 가장자리에 섰다.

"존경하는 벽지불이시여! 저는 이 화염 속에 들어갑니다. 두 번 다시 돌아올 수 없는 길을 가는 것이지요. 하지만 제가 올리는 이 음식물만은 받아주시기 바랍니다."

발우를 공중에 높이 들어 올리면서 상인은 말했다. 그리고 그대로 타오르는 화염 속으로 걸어들어갔다.

그때였다. 치성하게 타오르던 거대한 구멍 저 밑바닥에서 돌연히 물이 뿜어져 오르는 것이었다. 그리고 그 분수를 타고 한 송이 아름다운 연꽃이 피어올라 상인의 몸을 감싸 올렸다.

화염은 변함없이 타오르고 있었지만 더이상 아무런 힘을 낼 수가 없었다. 시원스런 분수에 휘감기어 상인을 품은 연꽃은 하늘 높이 올라갔다. 그곳에는 벽지불이 미소를 지으며 기다리고 있었다. 상인은 환희에 차서 발우를 올렸다.

"자, 공양을 받으소서!"

그리고 이어서 음식물을 벽지불의 발우에 넣었다. 어느 틈엔가 하늘에는 거대한 무지개가 나타났다.

"그대의 생명을 건 보시는 그 무엇보다도 존귀하오. 그대의 공양을 고맙게 받겠소."

벽지불은 감사의 마음을 전하고 그대로 무지개를 건너 히말라야산으로 돌아갔다. 악마는 발을 동동 구르며 분해했지만 더이상 어찌할 수가 없었다.

부처님은 이렇게 전생이야기를 말씀하시고서 덧붙여 이르셨다.

"거사여, 그대가 지금 그처럼 지견이 열리어 악마를 두려워하지 않는 것은 그다지 이상한 일이 아니다. 전생에 그 현자가 한 일이야말로 불가사의한 일인 것이다. 그때 벽지불은 그곳에서 열반을 얻었다. 악마를 정복하고 불기둥 속에 치솟은 연꽃 위에서 벽지불에게 음식을 공양한 부유한 상인은 바로 지금의 나였다."

〈쟈타카 40〉

---

1) 불교에 믿음을 지니고 있는 사람이 매월 보름날에 여덟 가지 계율을 엄수하는 것을 가리켜 포살행이라고 한다. 여덟 가지 계율이란 살생하지 않음, 도둑질하지 않음, 삿된 음욕에 빠지지 않음, 거짓말을 하지 않음, 술을 마시지 않음, 화장을 하거나 가무에 빠지지 않음, 높고 푹신한 침상에서 잠들지 않음, 오전을 지나서 식사하지 않음의 여덟 가지이다.

불 속에 핀 연꽃

9. 쥐가 갉아먹은 옷

이 전생이야기는 부처님께서 기원정사에 계실 때, 옷
으로 점을 치던 어떤 바라문에 대해 말씀하신 것이다.

전하는 바에 의하면 왕사성에 어떤 바라문이 살고 있
었는데 어느 날 자신의 새 옷을 쥐가 갉아먹은 것을 발
견하고 불길한 징조라 여겨 내다버리려 하였다. 그런데
마침 묘지를 지나던 부처님이 그 바라문에게 깨달음의
근기가 무르익어 있음을 아시고 그를 제도하시고자 그
옷을 건네받았다. 두려움에 질린 바라문이 부처님께 그
옷의 불길한 징조를 고하며 만류하자 부처님께서 그에
게 말씀하셨다.

"바라문이여! 우리는 출가한 사람이다. 우리에게는 묘
지나 거리, 또는 쓰레기장에 버려진 옷들이 알맞다. 그대
는 이번 생뿐만 아니라 전생에도 이같은 그릇된 견해에
사로잡혀 있었다."

그러자 바라문이 부처님께 그 전생이야기를 들려주십사 간청하였다. 부처님은 그 바라문에게 다음과 같이 들려주셨다.

옛날, 마가다국 라쟈가하에 신분이 높은 바라문 계급의 남자가 살고 있었다. 그는 매우 유복하였으며 하인도 많이 거느리고 호화스럽게 생활하며 지내었다. 그는 미신을 깊이 믿었는데 옷으로 길흉을 점치고 있었다.

어느 날의 일이었다. 이발과 면도를 끝낸 바라문은 모처럼 산뜻한 기분이 들어 옷장에 넣어두었던 새 옷이 입고 싶어졌다. 그래서 하인에게 그 옷을 가지고 오도록 명하였다. 하인은 옷이 담긴 옷장을 열었다. 그런데 그 옷은 쥐가 갉아먹어 입을 수가 없을 정도로 상해있었다.

하인은 즉시 주인에게 보고하였다.

"주인님! 주인님께서 꺼내오라시던 그 옷은 쥐가 갉아먹어 입을 수 없을 정도로 상해 있습니다. 도저히 꺼내올 수 없습니다."

"뭐라고? 얼른 그 상자를 이리로 가져오너라."

옷으로 길흉을 점치는 바라문은 옷이 쥐에 의해 얼마나 상해있는지 걱정이 되어 견딜 수가 없었다.

'길한 일이라면 좋으련만 혹시라도 흉사가 있다면 참으로 큰일이로다.'

하인은 쥐가 갉아먹은 옷을 공손히 받쳐들고 왔다.

쥐가 갉아먹은 옷

"이리로 가져오라."

바라문은 그렇게 말하고 그 옷을 샅샅이 조사해 보았다.

"으음."

바라문은 팔짱을 끼고 쥐가 갉아먹은 부분을 여러 각도에서 살펴보았다. 그의 얼굴은 점점 어두워져갔다.

"큰일이다. 점괘가 좋지 않아! 이 옷을 이대로 집에 두었다가는 반드시 우리 집에 재난이 닥칠 것이다. 이 옷은 그야말로 이 집에 불길한 일들을 불러오는 재앙의 신이라고 할 수 있다. 이 옷을 만지는 자는 누구든지 그 재난을 피할 수 없으리라."

모두들 주인의 말에 겁에 질려 얼굴을 쳐다보았다.

"이 옷을 단 한 찰나라도 집에 둘 수는 없다. 즉시 내다버려야 한다. 하지만 그 버리는 장소를 어디로 정한담…"

주인은 잠시 생각에 잠겼다.

'어디다 버리든지 그 버리는 장소 가까이에 살고 있는 사람은 큰 재난을 당할 것이다. 그렇다면 아무도 다가가지 않는 공동묘지에 버리는 수밖에 없다. 묘지라면 근처에 인가가 있지 않으니 아무도 얼씬거리지 않을 것이다. 따라서 재난을 당할 사람도 없을 것이다.'

이렇게 생각한 것까지는 좋았지만 이 옷을 가져다 버려야 할 인물을 선정하는 데에 또다시 고민에 빠지고 말았다.

'누굴 시켜야 할까? 이 옷을 만지는 자는 반드시 재난을 만날 터인데… 하인에게 버리라고 시켜도 좋겠지만 만약 도중에 이 옷을 욕심내서 제 것으로 만들어버리기라도 하면 그 또한 재난을 당할 것이 아닌가? 이 집에까지 화가 미칠 것이 틀림없다. 그렇다면 가장 적당한 사람은 내 아들밖에 없으렷다.'

바라문은 혼자 고민에 빠져 중얼거리다가 아들을 불렀다. 아들에게 상세하게 일의 경위를 설명한 뒤에 부탁하였다.

"그러니 너도 이 옷을 만져서는 안 된다. 지팡이 끝에 걸고 가서 묘지에 버리고 오너라."

"버린 뒤에는 머리 끝에서 발 끝까지 깨끗이 씻고 돌아와야 한다. 몸에 들러붙어 있는 티끌은 남김없이 씻어내야 하는 것을 잊지 말아라."

주인은 아들에게 몇 번이나 당부하였다. 아들은 아버지가 일러준 대로 옷을 지팡이 끝에 걸고 묘지로 버리러 갔다. 그곳에는 마침 수행자 한 사람이 서있었다. 아들은 그 수행자에게는 그다지 주의를 두지 않고 지팡이 끝에 걸린 옷을 던져버렸다.

물끄러미 그것을 보고 있던 수행자는 바라문의 아들에게 물었다.

"젊은 양반, 그 옷을 어찌할 셈입니까?"

"보시다시피 이곳에 버리고 있지 않습니까?"

아들은 수행자를 쳐다보며 답하였다.

"왜 그 옷을 버리는 거요?"

"이 옷은 쥐가 갉아먹었답니다. 이 옷을 만지는 사람은 엄청난 재앙을 입기 때문에 부득이 이곳에 버리러 온 것이지요."

"그렇습니까? 괜한 질문을 하여 죄송합니다. 당신 하고 싶은 대로 어서 버리시지요."

"아아, 당신이 말씀하시지 않아도 이렇게 버리고 있습니다."

아들은 딱하다는 표정으로 말했다.

"버리셨습니까?"

"버리다마다요!"

"그렇습니까? 그렇다면 이 옷은 더이상 당신의 옷은 아닌게지요?"

"버린 것이니 당연하지 않습니까?"

"그렇다면 이 옷을 줍겠습니다. 아직도 한참이나 더 입을 수 있는데 아깝기도 해라."

"뭐라구요? 이 옷을 주워서 입겠다는 말씀이십니까? 제발 그 짓만은 말아주십시오. 재난 덩어리를 주워가지려는 것과 무엇이 다르겠습니까?"

하지만 수행자는 미소를 머금으며 옷을 주워들었다.

"고맙습니다."

수행자는 그렇게 말을 남기고 떠나갔다. 아들로부터 이런 일들을 전해들은 주인은 당황하여 물었다

"그 수행자는 어느 쪽으로 갔느냐?"

"라쟈가하 도시에 살고 있는 분 같았습니다."

"그 수행자는 분명 재난을 만나리라. 그렇게 되면 우리도 비난받게 되겠지. 다른 옷을 보시하고 그 옷을 버리게 해야 하겠는데…"

주인은 어서 새 옷을 준비토록 하여 그것을 가지고 수행자가 살고 있는 곳으로 달려갔다.

"저, 혹시 조금 전 제 아들이 버린 옷을 주으셨다는데 그게 사실입니까?"

주인은 숨을 헐떡이며 물었다.

"사실입니다만…"

"그렇다면 어서 미련없이 버리시지요. 그 옷은 아주 불길한 것입니다. 그 옷을 만지는 사람은 재난을 피할 수 없다고 제가 친 점괘에서 나왔습니다. 당신께서 재난을 만나시게 될 뿐만 아니라 당신과 관계된 모든 사람들에게도 재난이 닥칠 것입니다."

수행자는 그런 말을 조용히 듣고 있었다. 주인의 말이 끝나자 그를 깨우치려는 듯 말하였다.

"우리들은 그런 것에 집착하고 있지 않습니다. 올바른 가르침을 듣고 그 가르침에 따르고 있는 자에게는 길흉 따위란 관계가 없는 일입니다. 그런 것에 집착하고 있으

면 정말로 중요한 것을 놓치기 마련이요, 미혹의 어둠 속으로 던져져 그 나락으로 떨어지게 됩니다. 진리의 빛을 받으며 미혹의 어둠을 깨뜨리는 일이야말로 진정으로 중요한 일이라고 깨닫지 않으면 안 되는 것이지요."

그리고 이 바라문을 위하여 노래를 불렀다.

사람의 인상과 손금, 그리고 꿈으로
점치는 온갖 미신이 만연해있다 해도
미신을 뛰어넘어
고통의 근원이 되는 미혹의 번뇌를
끊으려 노력하는 일이 근본사이거늘
눈을 뜨라, 참다운 문제에!

주인은 수행자의 그런 말에 가슴이 찔린 듯한 느낌을 받았다.

"중요한 것을 놓치고 있었습니다… 참다운 문제라…"

주인은 지금까지 가슴에 꽉 매듭지어져 있던 무엇인가가 일순간에 녹아져 내리는 것을 느꼈다.

'지금이야말로 그 중요한 것을 만날 수 있는 시기다. 이때를 놓치면 두 번 다시 기회는 오지 않을 것이다.'

그렇게 생각하자 그는 애가 타서 견딜 수 없었다. 그래서 수행자 앞에 엎드렸다.

"진실한 가르침을 부디 저에게 들려주소서."

주인은 그렇게 절규하였다.

부처님은 이렇게 말씀하시고 나서 그 주인을 위해 다음 게송을 읊으셨다.

길흉의 징조나 꿈, 관상의 생각들에서 벗어난 이는
이미 미신의 허물을 뛰어나
더불어 일어나는 번뇌를 모두 항복받고
다시는 나고 죽는 윤회의 몸을 받지 않는다.

부처님은 주인에게 게송으로 설법하고 나서 다시 네 가지 진리를 설하셨다. 그러자 그 주인은 자신의 아들과 함께 예류과에 들었다. 이어서 부처님은 다시 설하셨다.
"그때의 그 두 사람은 지금의 이 부자요, 그 수행자는 지금의 나였다."

〈쟈타카 87〉

쥐가 갉아먹은 옷
121

10. 칼라카의 간계

이 전생이야기는 부처님께서 죽림정사에 계실 때 부처님을 해치려는 데바닷타에 대해 말씀하신 것이다.

그때 부처님께서는 이렇게 말씀하셨다.

"비구들이여, 데바닷타가 나를 해치려는 것은 비단 지금의 일뿐만이 아니다. 그는 전생에도 나를 해치려 하였다. 그러나 조그만 두려움조차 내게 일으킬 수는 없었다."

비구들의 청에 따라 부처님께서는 다음과 같이 전생이야기를 들려주셨다.

옛날, 바라나시에서 야사파니왕이 정법으로 나라를 다스리고 있었다. 그 왕의 신하로, 칼라카라고 하는 아주 뚱뚱한 장군이 있었다. 칼라카 장군은 이 나라의 재판을 맡고 있었는데 사례금을 높게 받으며, 돈을 많이 가져오는 자에게는 토지의 진짜 주인이 아니어도 토지를 줘버리는 등 더러운 수단으로 사복을 채우며 지냈다.

어느 날 칼라카에게 사례금을 적게 올린 남자가 재판에 져서 울부짖으며 재판소를 나왔다. 그는 마침 그곳을 지나던 사제 담마다쟈를 보고 그 발에 엎드려 울부짖으며 호소하였다.

"당신처럼 올바른 마음을 가진 분도 임금 곁에 계시는군요. 하지만 칼라카 장군은 많은 뇌물을 준 쪽만을 재판에 이기게 하고 있답니다. 나는 가지고 있던 돈이 적어 토지를 빼앗기게 되었습니다."

사제는 재판에 진 남자가 회한에 찬 울음을 터뜨리는 모습을 보면서 생각하였다.

'이래서는 안 된다. 이런 재판을 허용할 수는 없다.'

"나를 따라 오시오. 내가 다시 그대의 토지에 관해 재판해주겠소."

담마다쟈는 그를 데리고 재판소로 갔다.

길가에 무리지어 두 사람을 지켜보고 있던 수많은 사람들은 재판의 결과가 수정되는 것을 보기 위하여 웅성거리며 몰려갔다.

사제는 재판을 다시 하여 본래의 토지 소유자가 진짜 소유자라고 판결하였다. 지금까지 울고 있던 남자는 뛰어오를 것처럼 기뻐했다. 그때까지 칼라카 장군의 비리를 알면서도 묵인하고 있던 사람들은 환호성을 지르며

칼라카의 간계

서로 기뻐하였다. 올바른 재판의 결과에 모두들 박수를 보냈다. 사람들의 환호성이 왕궁에까지 들려오자 왕이 대신에게 물었다.

"지금 무슨 소동이라도 일어났는가?"

"전하, 담마다쟈가 잘못된 재판을 다시 수정하여 판결을 내렸기에 수많은 사람들이 박수를 치며 환호하고 있는 것입니다."

왕은 즉시 담마다쟈를 불러 물었다.

"그대는 소송을 올바르게 재판하였는가?"

"그렇습니다. 전하, 칼라카 장군이 그릇되게 판결내린 것을 제가 다시 재판하였습니다."

그 말을 들은 왕은 말했다.

"그렇다면 지금부터는 그대가 재판을 맡아라. 그러면 나는 언제나 저처럼 사람들의 환호성을 들을 수가 있지 않겠는가?"

담마다쟈는 거절하였지만 왕도 쉽게 물러서지 않았다.

"칼라카의 재판은 돈없는 자가 언제나 불리하게 판결을 받았다. 그러니 부디 그대가 올바른 재판을 해주길 바라노라."

왕의 간청에 어쩔 수 없이 담마다쟈는 승락하였다.

그리하여 이 나라 사람들의 소송은 올바르게 판결을 받게 되었다.

한편 일자리를 잃고 만 칼라카 장군은 무슨 짓을 하여서라도 담마다쟈를 모함하여 다시금 자신이 재판관이 되겠다고 다짐하고 있었다. 그러기 위해서는 왕을 꾀어 왕의 힘으로 담마다쟈를 죽이는 수밖에 없다고 생각하였다.

어느 날 칼라카는 왕이 기분 좋을 때를 골라서 말하였다.

"전하, 알고 계십니까? 담마다쟈라고 하는 사내는 이 나라의 많은 사람들의 추앙을 받으면서 자신이 국왕이라도 된 양 착각에 사로잡혀 있습니다. 적당한 시기를 골라 전하의 왕국을 손에 넣으려고 음모를 꾸미고 있다고 합니다."

"칼라카여! 그런 근거 없는 이야기를 함부로 하지 말라."

왕은 물론 귀담아 듣지 않았다. 하지만 칼라카는 끈질기게 왕을 설득하였다.

"전하, 저의 말씀을 믿지 못하시겠다면 그가 왕궁으로 올 때 창으로 보시기 바랍니다. 그러면 이 도시의 사람들이 전하보다도 그를 더욱 추앙하고 있음을 알게 되실 것입니다."

왕은 다음날 창을 열고 거리를 내려다보고 있었다. 그리고 수많은 사람들이 담마다쟈에게 재판을 부탁하느라 앞다투어 몰려드는 것을 보았다.

왕은 자신의 통치 아래 있다고만 생각했던 사람들이 저정도로까지 담마다쟈에게 의지하는 모습을 보자 담마다쟈라는 존재가 불안스럽게 느껴졌다. 왕은 칼라카 장군을 불러서 논의하였다.

"칼라카여! 그대가 말한 것이 사실이로다. 이렇게 된 이상 담마다쟈를 사람들에게서 떼어놓지 않으면 안 되겠구나."

칼라카는 수염을 쓰다듬으며 생각에 잠긴 척하였다. 그리고 속으로는 아주 잘되었다고 생각하며 말했다.

"전하, 깊이 고민하실 일이 뭐 있겠습니까? 담마다쟈를 죽여버리면 사람들은 예전처럼 다시 전하만을 존경하고 의지할 것입니다."

"하지만 나는 죄없는 사람을 죽일 수는 없다."

그렇다고 해서 물러날 칼라카가 아니었다. 속으로 다음 단계까지 생각하고 있었던 것이다.

"전하, 그를 죽일 좋은 방법이 있습니다."

"어떤 방법인가?"

"그에게 불가능한 일을 명령하시는 것입니다. 그리고 수행해내지 못했을 때는 명령에 불복한 죄로 죽이면 되지 않겠습니까?"

"담마다쟈는 무엇이든 다 해낼 수 있는 사람이다. 그에게 불가능한 일이란 있을 턱이 없지 않은가!"

"아닙니다. 분명히 있습니다."

칼라카는 차가운 웃음을 지었다. 그리고 이마에 주름살을 모으며 잠시 생각하는 듯하다가 말하였다.

"전하, 좋은 생각이 있습니다. 그를 부르셔서 이렇게 말씀하십시오. '내일 왕궁의 정원에서 대신들과 주연을 베풀고자 한다. 그러니 내일까지 새로운 정원을 만들고 나무에 과실을 영글게 할 것이며, 아름다운 꽃을 피워내도록 하라'라고 말입니다. 그 아무리 위대한 능력을 갖춘 남자라 할지라도 단 하루에 아름다운 정원을 만들어내는 일은 불가능합니다. 어딘지 실수가 있게 마련일 것입니다. 그러면 그것을 죄목으로 하여 그를 처형하면 일은 간단히 끝나는 것입니다."

"좋다, 그렇게 하기로 하자."

왕은 그렇게 말하고서 칼라카를 집으로 돌려보내고 대신 담마다쟈를 불렀다. 아무 것도 알지 못하는 담마다쟈는 특별히 왕의 비위를 맞추려고 하지 않았다. 분주해 보이는 그를 보고 왕은 언짢은 표정으로 명령하였다.

"담마다쟈여! 그대는 재판하느라 아주 바쁜가보구나. 하지만 오늘은 그대에게 부탁할 일이 있다. 나는 내일 사람을 모아서 정원에서 주연을 베풀 생각이다. 하지만 지금 있는 정원에서가 아니라 새로이 만든 정원에서 놀고 싶다. 내일까지 왕궁 정원 남쪽에 아름다운 정원을 만들도록 하라. 이 명령을 지키지 않으면 그대는 살아남지 못할 것이다."

급히 정원을 만들라는 명령을 받은 담마다쟈는 지금까지 재판하느라 바빠서 왕의 안부 여쭙는 일도 게을리하여 왔음을 생각해냈다. 그리고 재판을 맡지 않아서 높은 사례금을 받을 수가 없어진 칼라카가 자신을 원망하고 있음을 추측해 내었다. 저 칼라카가 왕과 자신의 사이를 이간질하고 게다가 자신을 죽이려고까지 왕에게 주청하고 있다고 생각하니 담마다쟈는 비탄에 사로잡혀 견딜 수가 없었다.

"정원을 만들지 어떨지 자신은 없습니다만, 여하튼 해보겠습니다, 전하."

무리인줄 알면서도 조용히 대답하고 집으로 돌아왔다.

담마다쟈는 밥을 먹고 나서 피곤한 몸을 침상에 눕혔다.

'대체 어찌해야 좋을까?'

창가에 빛나는 달을 무심코 바라보다 시시각각 흘러가는 시간이 야속하게 느껴졌다.

'금방 날이 밝아올 터인데… 어서 정원을 만들지 않으면…'

어쨌거나 왕궁에 정원을 만들러 가야겠다고 결심하였다.

그때 제석천의 돌의자가 뜨겁게 달아올랐다. 제석천은 인간세상에 무슨 일이 일어났는가 의아하여 이리저리 살펴보다가 담마다쟈가 비탄에 잠겨 있기 때문임을 알았다. 제석천은 하늘에서 내려와 정원을 만들러 가려고 준비하는 담마다쟈의 침실로 들어갔다.

"현명하신 재판관이여! 이 깊은 밤중에 어디로 가려고 그리 분주합니까?"

담마다쟈는 깜짝 놀라 물었다.

"당신은 대체 누구시오?"

"나는 하늘의 신, 제석천이오."

"제 하소연을 들어봐 주십시오, 제석천이시여! 임금께서 내일까지 정원을 만들라고 명하셨습니다. 그래서 지금 정원을 만들러 가려는 중입니다."

"기다려 보시오. 지금부터 정원을 만들다니 가당키나 한 소리요? 내가 난다나동산[1]이나 칫탈라타동산같이 아름다운 정원을 만들어 주리다. 정원을 만들 위치나 알려 주시오."

담마다쟈는 뜻하지 않은 구조의 손길이 너무나 고마워 깊이 고개 숙였다.

"왕궁의 정원 남쪽에 만들고자 합니다."

그 말을 듣고 난 제석천은 그대로 모습을 감추었다.

다음 날 아침 일찍 담마다쟈가 왕궁의 정원으로 가보니 그곳에는 하룻밤 새 훌륭한 정원이 완성되어 꽃들이 만발해 있는 것이 아닌가!

'분명 제석천께서 만들어 주셨도다.'

담마다쟈는 왕이 기침하는 것을 보고 말하였다.

"전하, 명령을 받자와 정원을 모두 만들었습니다. 부디 살펴보십시오."

왕은 담마다쟈의 안내를 받으며 그 정원을 둘러보았다. 붉은 색 울타리로 에워싸여 있는 정원에는 근사한 망루가 달린 높은 문이 있었으며, 그 문을 빠져 나가니 가지가 휠 정도로 풍성하게 열매가 달린 과실나무가 자라있었고, 색색깔의 꽃들이 눈을 어지럽혔다.

정원을 본 왕은 담마다쟈의 불가사의한 힘에 놀랐다. 그리고 자신은 언제고 그에게 왕위를 빼앗길 것임에 틀림없다는 생각을 한층 굳혔다. 더욱 커가는 공포심을 억누르며 칼라카 장군을 불러들였다.

"담마다쟈는 내 말대로 하룻밤 새에 훌륭한 정원을 만들어 놓았다. 이번에는 어떤 것을 명령하는 것이 좋겠는가?"

"좀더 어려운 것을 생각해 보기로 하시지요. 일곱 가지 보물이 가득찬 연못을 만들도록 하면 어떻겠습니까?"

"그것 아주 좋은 문제도다."

왕은 다시 담마다쟈를 불러서 명령하였다.

"담마다쟈여! 정원은 훌륭하게 만들었다만 이번에는 이 정원에 걸맞는 일곱 가지 보물로 장식된 연못을 만들도록 하라. 만약 만들어내지 못하면 그대는 살아남을 수 없음을 명심하라."

담마다쟈는 자신을 끝내 죽이고 싶어하는 왕의 마음을 알면서도 대답하였다.

"일단 만들어는 보겠습니다."

그는 이번에야말로 왕의 손에 꼼짝없이 죽게 되었다고 생각하고 있는데 또다시 제석천이 그의 침실로 내려왔다. 담마다쟈가 곤경에 처해 있는 것을 알고 제석천은 말했다.

"그렇다면 오늘밤 안으로 그 정원에 일곱 보배의 연못을 만들어 주리다."

다음 날 아침 담마다쟈가 왕궁의 정원으로 가보니 근사한 연못이 눈에 띄었다. 가까이 다가가 자세히 보니 연못에는 백여 곳의 목욕탕이 있으며 수많은 물줄기가 흘러 내리는 가운데 오색 찬란한 연꽃이 피어있어 그것은 마치 제석천의 난다나동산에 있는 연못과도 같았다. 그는 왕을 정원으로 안내하여 일곱 보배의 연못을 보여주었다. 왕은 연못을 보면서 그 자리에서 또다른 명령을 내렸다.

"담마다쟈여! 나는 만족스럽기는 하지만 이 정원과 연못에 모두 어울리는 상아로 만든 나의 작은 궁전이 있었으면 한다. 만약 짓지 못하면 그대는 살아남지 못할 것이다."

담마다쟈는 끝내 자신을 죽이려 드는 왕의 마음에 한

탄을 금하지 못한 채 집으로 돌아왔다.

그러자 또 제석천이 담마다쟈의 침실에 나타났다. 이번에는 담마다쟈가 먼저 제석천에게 애원하며 말하였다.

"제석천이시여! 왕의 명령은 한도 끝도 없습니다. 이번에는 얼마나 이치에 닿지도 않는 명령을 내렸는지 아십니까? 아무래도 저의 목숨을 빼앗을 셈인가 봅니다."

"내가 있지 않소! 걱정말고 말해보시오. 이번에는 또 어떤 주문을 해왔소?"

"상아 궁전을 정원에 만들라는 명령입니다."

"좋소. 만들어 주리다."

이번에도 제석천이 상아 궁전을 만들어 주었다. 다음날 아침 담마다쟈는 왕에게 궁전을 보여주었다. 왕은 묵묵히 바라보았다. 그런 뒤에 칼라카를 불러서 물었다.

"더 이상 내게는 좋은 생각이 떠오르지 않는다. 이제 또 무슨 명령을 내려야 좋을까?"

그러자 칼라카가 답하였다.

"상아궁전에 걸맞는 호화로운 보석을 만들어내라고 하면 어떻겠습니까, 전하!"

왕은 담마다쟈를 불렀다.

"지금까지 많은 것을 만들어 주었구나. 하지만 이번에는 이 궁전을 보석으로 치장하라. 보석의 찬란한 광채가 밤낮으로 정원을 환히 비추도록 말이다. 만약 보석을 준비해오지 못한다면 그대는 죽음을 면치 못할 것이다."

집으로 돌아온 담마댜 앞에 예의 제석천이 또 나타났다. 담마댜의 부탁을 들은 제석천은 보석을 만들어 궁전을 장식했다.

왕은 다음 날 아침, 몸소 정원으로 나가서 그것을 보았다. 그리고 역시 칼라카를 불렀다. 왕은 칼라카보다 담마댜 쪽이 더 뛰어나다는 것을 충분히 느끼고 있었던 것이다.

"칼라카여! 이번에는 또 어떻게 해야 할까?"

칼라카도 곤란한 표정으로 온갖 머리를 짜서 답하였다.

"전하, 담마댜에게는 무슨 소망이든 다 들어주는 하늘의 신이 따라다니는 것같습니다. 그렇다면 하늘의 신도 만들어낼 수 없다고 하는 네 가지 덕을 갖춘 인간을 데리고 오라고 명령하시면 어떻겠습니까?"

"으음."

왕은 잠시 생각해보았다. 하지만 하늘의 힘을 빌어 담마댜가 왕위를 빼앗을 지도 모른다고 생각하니 불안감이 커져갔다. 결국 그를 죽이지 않고서는 안심할 수 없다고 생각하여 왕은 다시 담마댜를 불러 명령하였다.

"그대는 나를 위해 내가 바라는 모든 것을 다 들어주었다. 그런데 이번에는 하늘 세계와도 같은 이 정원을 지키기에 적당한, 네 가지 덕을 갖춘 사람을 데리고 오

칼라카의 간계

너라. 그대의 목숨이 달린 일이다."

"그런 사람이 어떻게 이 세상에 있겠습니까? 제가 데려올 수 있을지 잠시 생각이나 하게 해 주십시오."

담마다쟈는 그렇게 답하고 나서 왕 앞을 물러나왔다.

집으로 돌아와서 지금까지 행한 일들을 물끄러미 생각해 보았다. 그리고 이번에는 꼼짝 못하고 죽게 되었음을 알고 마음 속으로 각오하였다.

그날 밤에는 제석천도 나타나지 않았다.

'제석천은 만들어낼 수 있는 것은 전부다 내게 만들어 주었다. 그러나 아무리 위대한 능력을 지닌 신이라 해도 네 가지 덕을 갖춘 인간을 만들어 낼 수는 없다. 왕이나 칼라카의 손에 죽기보다 차라리 깊은 숲에 들어가 자살하고 말리라.'

담마다쟈는 그렇게 결심하고서 가족들에게 작별을 고하지도 않고 몰래 집을 빠져나와 숲 속으로 들어갔다. 깊은 숲의 거대한 나무 아래에 앉아 양손을 무릎 위에 올려놓고 두 눈을 감았다. 그리고 가만히 자신이 살아온 일생을 돌이켜 생각해보았다. 그대로 아무 것도 먹지 않고 물도 마시지 않고 오직 죽기만을 기다렸다.

제석천은 담마다쟈가 죽으러 산 속으로 들어간 것을 하늘에서 내려다 보고 있었다. 어떻게든 그를 구해야겠다고 생각하고서 사냥꾼의 차림으로 담마다쟈에게 나타났다.

"지금까지 아무런 고통도 모른 채 풍요롭게 지내오신 분 같아 보이는데 어찌하여 이런 나무 아래에 앉아 계시는 것입니까?"

사냥꾼의 말을 듣고 담마댜가 말하였다.

"지금까지 정말로 평온하고 아무런 부족함도 모른 채 살아오기는 하였습니다. 하지만 이제는 인간 세상을 떠나 나무 아래에 앉았습니다. 인간의 일생에 대해 생각해 보고 있는 중이지요."

"어찌하여 이런 곳에 앉아 계시는지 그 이유나 말해 주십시오."

"임금께서 네 가지 덕을 갖춘 정원지기를 데리고 오지 않으면 나를 죽이겠다고 하셨습니다. 그런 사람이 있을 리가 없지요. 사람의 손에 죽느니 숲 속에서 홀로 죽음을 맞이하는 편이 낫겠다고 생각하고서 이리로 온 것이랍니다."

그 말을 듣고 사냥꾼이 엄숙하게 말하였다.

"담마댜여! 나는 제석천이다. 그대를 위해 왕의 명령은 모두 들어 주었다. 하지만 네 가지 덕을 갖춘 인간은 나로서도 만들어낼 수가 없다. 그런데 그대가 모시고 있는 왕에게는 이발사가 있다. 그는 챵타파니라는 사람으로 네 가지 덕을 갖추고 있다고 들었다. 그 이발사를 데리고 가는 것이 어떻겠는가?"

이렇게 가르쳐 준 뒤에 제석천은 하늘로 떠나갔다. 담

마다쟈는 즉시 숲을 나와서 왕궁으로 향하였다.

왕궁에 도착하니 마침 챵타파니도 와있었다. 담마다쟈는 챵타파니의 손을 잡고 말하였다.

"챵타파니여! 그대는 네 가지 덕을 갖춘 사람이라고 들었는데 사실입니까?"

"누구에게서 그런 말을 들었습니까?"

"제석천이 일러주셨습니다."

"왜 그런 일을 당신에게 일러주셨는지요."

"임금께서 네 가지 덕을 갖춘 사람을 데리고 오라고 저에게 명령하셨기 때문입니다."

담마다쟈는 챵타파니에게 지금까지의 경위를 모두 이야기해줬다.

"그렇습니다. 나는 네 가지 덕을 갖추고 있습니다."

챵타파니의 답을 듣고 담마다쟈는 그를 왕에게로 데리고 갔다.

"전하, 전하의 이발사인 챵타파니는 네 가지 덕을 갖춘 사람입니다. 정원지기를 고용하시려면 이 사람을 쓰도록 하시지요."

그 말을 들은 왕은 의아하게 생각되어 물었다.

"챵타파니여! 그대는 단지 이발사였지 않았는가?"

"전하, 저는 네 가지 덕을 갖추고 있습니다."

"그렇다면 묻겠노라. 어떤 네 가지의 덕을 갖추고 있다는 말인가?"

챵타파니는 답하였다.

"전하, 저는 질투심이 없습니다. 술을 마시지 않습니다. 그리고 인간에 대해 헛된 애정을 품지 않습니다. 원한과 증오심도 저는 전혀 가지고 있지 않습니다."

그 말을 들은 왕은 말했다.

"챵타파니여! 그대는 어떻게 질투심을 품지 않게 되었는지 말해보라."

챵타파니가 답하였다.

"저는 전생에 왕이었습니다. 수많은 왕비를 버리고 오직 한 여인만을 사랑하였습니다. 하지만 깊이 사랑하면 할수록 질투가 깊어지고 있는 내 자신을 깨닫고 두 번 다시 여인을 사랑하지 않으리라 다짐하였습니다. 그런 까닭에 질투심은 이제 저에게 남아있지 않습니다."

왕이 다시 물었다.

"챵타파니여! 어째서 술을 마시지 않게 되었는가?"

챵타파니가 씁쓸한 표정으로 답하였다.

"전생에 왕이었을 때의 일입니다. 술에 취해서 고기가 먹고 싶어졌습니다. 요리사가 그 날은 고기가 다 떨어졌다고 말했지요. 하지만 그가 무릎에 안고 있던 그 아들의 목을 쳐서 그 고기를 요리하게 하여 먹어버린 일이 있습니다. 그 죄가 너무나 끔찍하고 무서워 저는 두 번 다시 술을 먹지 않으리라 결심하였습니다."

왕이 다시 물었다.

"그렇다면 어째서 인간에 대해 헛된 애정을 품지 않는다는 말인가?"

챵타파니는 먼 과거를 상기하는 듯 지그시 허공을 바라다보다가 답하였다.

"전생에 내 아들에게 악업이 깃들어 있었습니다. 그 아이는 나쁜 병에 걸려 열을 펄펄 내며 신음하였습니다. 끝내는 온몸에서 불덩이가 마구 터져 나왔답니다. 하지만 그때 그곳에는 한 방울의 물도 없었지요. 비탄스러웠던 것은 그 아이를 향한 애정이 끊어지지 않았기 때문이요, 애정이 없었더라면 이런 비탄도 없었을 것이라 생각했습니다. 나는 두 번 다시 인간에 대해서 애정을 품지 않으리라 결심했습니다."

그러자 다시 왕이 물었다.

"그렇다면 어째서 원한과 증오심을 가지고 있지 않은가?"

"옛날, 저는 자비심을 수행하며 하늘에서 오랜 세월을 지내었습니다. 그 결과로 사람을 증오하거나 분노하는 마음을 품지 않게 되었습니다."

챵타파니가 자신의 네 가지 덕을 모두 말하자 왕은 깊이 감동을 받았다. 그리고 곁에 있던 신하와 뭔가 상의하고 나서 결단을 내리는듯 호령하였다.

"칼라카여! 담마다쟈는 네 가지 덕을 갖춘 사람을 내게 데리고 왔다. 나는 바른 행위를 한 담마다쟈를 죽일 수 없다."

그때 왕 곁에서 시중들고 있던 대신과 바라문들이 일제히 일어서서 큰소리로 외쳤다.

"칼라카 장군! 그대야말로 가난한 사람들에게 엄청난 사례금이나 거둬들이면서 부정한 재판을 일삼았던 자다. 그대는 돈줄이 막히자 올바른 담마다쟈를 모함하여 죽이려 하였다."

그리고 많은 신하들은 힘을 합하여 칼라카의 손발을 묶고 큰 몸뚱이를 질질 끌어서 왕궁 밖으로 내던졌다. 그리고 돌과 막대기로 칼라카를 실컷 두들긴 다음에 그가 숨이 끊어지자 쓰레기더미에 내버렸다.

부처님께서는 이렇게 전생이야기를 말씀하시고 나서 덧붙여 이르셨다.

"그때의 그 칼라카 장군은 지금의 저 데바닷타요, 현명한 이발사는 지금의 사리불이며 저 담마다쟈는 바로 나였다."

〈쟈타카 220〉

1) 제석천의 궁전에 있는 네 가지 동산 가운데 하나. 그 궁전은 세계의 중앙에 있으며 산허리(천계)에는 신들이 산다고 전해지고 있는 수미산 정상이 있다. 뒤이어 나오는 칫탈라타동산도 네 가지 동산 가운데 하나이다.

11. 수행자의 소망

　이 전생이야기는 부처님께서 아라비 근처에 있는 악가라바 사당에 계실 때 승방을 짓는 일에 관한 규칙에 대해 말씀하신 것이다.

　아라비에 살고 있는 탁발승들은 승방을 세울 때 시주자들에게 무리한 요구를 하여 지나치게 크게 짓는 일이 빈번하였다. 스님들의 집요한 청과 무리한 요구에 지친 재가신도들은 부처님의 제자라는 소리를 듣기만 해도 도망치기가 일쑤였다. 마침 가섭 존자가 그 마을에 들러 탁발을 하려고 했으나 사람들이 냉정하게 외면하는 모습을 보고 그 연유를 알아본 결과 스님들의 무리한 요구와 탐욕에 넘친 행동 때문인 것을 보고 부처님께 그 일을 여쭈었다.

　그래서 부처님은 비구들에게 이렇게 물으셨다.

　"비구들이여, 그대들은 많은 것을 구하고 많이 얻기를

바란다고 하는데 그것이 사실인가?"

비구들이 솔직하게 답하였다.

"네, 부처님, 사실입니다."

그러자 부처님은 그들의 법답지 못한 행동을 나무라시며 이렇게 말씀하셨다.

"비구들이여, 옛날 현인들은 세속의 왕이 온 세계의 주권을 물려주려 하였지만 홑겹의 밑창을 댄 신발 한 켤레를 얻고 싶은 마음만 있었다. 하지만 그는 그 신발 얻고 싶은 마음조차도 부끄러워하여 사람들에게 소망을 말하기를 두려워하였거늘 그대들은 어찌하여 부끄러움도 모르고 탐욕에 넘쳐 세속의 이익 얻기에 급급한 것인가? 그대들에게 그 전생이야기를 들려주고자 하노라."

옛날 캄필라카국의 웃탈라판찰라라는 도시를 판찰라 왕이 다스리고 있을 때의 일이다. 바라문 계급 출신의 어떤 남자가 여러 가지 학문을 배운 뒤에 출가하여 고행자가 되었다.

그는 자연 그대로 살아가리라 생각하고 있던 터여서 삼림 속의 나무 뿌리나 과일을 따먹으면서 연명하였다. 오래도록 이런 생활을 하며 홀로 히말라야에 살고 있었다. 소금이나 신맛의 음식이 필요해지면 때때로 산에서 내려와서 판찰라도시로 발을 들여놓았으며 왕의 정원에서 머무르는 일이 상례였다. 그리고 아침이 되면 도시 이곳저곳을 탁발하며 돌아다녔다.

성문 앞에 서있는 그의 모습이나 걸어가는 풍모를 보고 그 수행의 정도를 가늠하여 크게 감명을 받고 있던 왕은 그를 성 안으로 불러들였다. 그리고 마치 이웃나라 국왕이라도 환대하듯 음식을 준비케 하여 궁전에 살도록 하였다. 이리하여 수행자는 궁전에서 나날을 보내는 몸이 되었다. 그런데 우기가 지나자 수행자는 자신이 살던 히말라야로 돌아가기로 마음먹었다.

'오랜 여행을 하려면 비록 홑겹이라도 좋으니 밑창이 있는 신발과, 나뭇잎으로 만든 것이라도 좋으니 양산이 있었으면 좋겠다. 한 번 왕에게 부탁해 보아야겠다.'

어느 날 왕이 그의 암자에 예배를 올리러 왔다. 그러자 그는 말을 꺼내었다.

"저어, 신발과 양산을…"

머뭇머뭇 말을 꺼내기는 하였지만 문득 이런 생각이 뒤이어 떠올랐다.

'아니야, 이래서는 안 되지. 뭔가 욕심난다고 소원을 말해서 이루어지면 다행이지만 그렇지 못할 경우 왕도 또 내 자신도 어색하고 서먹서먹해진다. 수많은 사람들 앞에서 이런 그릇된 생각을 해서는 안 된다. 사람들이 없는 곳에서 슬쩍 왕에게 부탁해보기로 하자.'

그는 왕에게 말했다.

"왕이시여! 실은 조용히 말씀드리고 싶은 것이 있습

니다."

그러자 왕은 주위의 사람들을 물리쳤다. 하지만 왕과 단 둘이 되자 수행자는 또한 생각해보았다.

'내가 원하는 일을 왕이 응해주지 않는다면 우리들의 친밀한 관계는 물거품이 되고 말지도 모른다.'

그렇게 생각하니 도저히 말을 꺼낼 수가 없었다.

"왕이시여! 오늘은 말씀드리고 싶지 않습니다. 그냥 돌아가 주십시오."

왕은 고개를 갸웃거리며 돌아갔다.

그후로도 수행자는 몇 차례나 왕이 예배를 올리러 왔을 때도 자신의 소원을 말하지 못했다. 이러는 동안 12년의 세월이 흘렀다.

한편 왕은 점점 의문에 휩싸여갔다.

'우리들이 존경하는 수행자가 어떻게 된 것은 아닐까? 은밀히 소망이 있다고 말하고서 다른 사람을 물리치면서까지도 아무런 말을 하지 않았다. 소원이 있다, 소원이 있다고만 말하고서도 벌써 12년이 흘렀지 않은가? 어쩌면 깨끗한 마음을 지니고 오랜 동안 수행에 전념한 사람이었다고 해도 수행에 염증을 느끼고 욕망의 노예가 되는 일도 있다. 그렇다, 분명 왕위가 욕심나서 그러는 것이 틀림없다. 왕위가 욕심난다고 탁 터놓고 말할 수가 없어서 저렇게 침묵하고 있었던 것이다. 오늘은 무슨 일이 있어도 왕위건 또 다른 무엇이건 수행자에게

바치고 말리라.'

그렇게 결심하고서 왕은 수행자가 있는 곳으로 갔다. 그리고 예배하고서 수행자 앞에 앉았다. 언제나처럼 다른 사람이 자리를 비켜주어도 수행자는 아무 말도 하지 않기에 왕이 먼저 말을 꺼냈다.

"수행자시여! 당신은 12년 동안이나 은밀하게 소망하는 것이 있다고 말했으면서 단 둘이 남게 되어도 그 소망하는 것을 말씀하시지 않았습니다. 왕위가 탐나십니까? 아니면 그 무엇이 탐나시는 것입니까? 오늘은 무슨 일이 있어도 당신이 소망하는 것을 바치려 합니다. 부디 주저마시고 말씀해 주시지요."

"왕이여! 정말 내가 원하는 것을 주시겠소?"

수행자는 두 눈을 빛내면서 물었다.

"예, 그것이 무엇이든지요…"

"왕이여! 여행을 하려면 얇은 홑겹이라도 좋으니 밑창달린 신발이 필요하고, 또 나뭇잎으로 만든 것이라도 좋으니 태양을 가릴 양산이 필요합니다. 그것이 가지고 싶었습니다."

수행자는 굳게 마음을 먹은 듯 오랜 동안 입 밖에 내지 못했던 소망을 왕에게 말했다.

"수행자시여! 고작 그 소망을 12년 동안이나 마음에 두고서 말씀을 하지 못했다는 말씀입니까?"

너무나 싱겁고 어이가 없어 왕은 되려 물었다.

"예, 그렇습니다."

"대체 무슨 이유에서 그리 주저하셨던 것입니까?"

"그 물건들을 달라고 왕에게 청하였을 때 만약 왕께서 저에게 주지 못했을 경우 왕과 저와의 사이는 서먹서먹해지고 말 것입니다. 수많은 사람들에게 그런 것을 들키고 싶지 않은 마음에서 비밀스럽게 소망이 있다고 말한 것입니다."

수행자는 그렇게 말하고서 노래를 불렀다.

구하는 것의 답은 오직 하나.
얻느냐 얻지 못하느냐입니다.
친애하는 판찰라의 국왕이여!
욕심내게 되면 곤란한 일이
벌어질 수도 있을 것입니다.
욕심난다고 해도 말할 수 없는
그런 것도 있습니다.
그런 때에 욕심을 내면
두 사람이 얻는 것이란 서먹한 관계일 뿐.
판찰라국 백성에게
왕과 저의 서먹함을
보여주어서는 안 된다고 생각했기에
말을 꺼내지 못했던 것입니다.

왕은 수행자의 진심에 감동하여 바라던 것을 주리라 약속하고서 노래를 불렀다.

가장 으뜸가는 소는 붉은 빛이 도는 소.
이것을 당신에게 바칩니다.
숭고한 도리를 잘 분별하신
당신의 노래를 들은 지금
보시하지 않고는 견딜 수가 없답니다.

하지만 수행자는 말했다.
"왕이여! 나는 진귀한 물건은 조금도 탐나지 않습니다. 부디 내가 바라는 것만을 주시기 바랍니다."
이리하여 홑겹의 밑창을 댄 신발과 나뭇잎으로 만든 양산을 가지고 여행에 나설 준비를 하였다.
"왕이여! 부디 온 정성을 다하여 나라를 다스리고 법을 지키며, 사람들에게 보시를 베푸시기 바랍니다."
수행자는 왕에게 가르침을 설하고 나서 왕의 만류에도 불구하고 히말라야로 돌아갔다.

부처님은 이같은 전생이야기를 들려주신 뒤에 이렇게 말씀하셨다.
"비구들이여, 그때의 그 왕은 지금의 저 아난다요, 그때의 수행자는 바로 나였다." 〈쟈타카 323〉

12. 비둘기와 까마귀

이 전생이야기는 부처님께서 기원정사에 계실 때 어떤 탐욕스런 비구에 대해 말씀하신 것이다.

어느 날 비구들이 그 탐욕스런 비구에 대해 부처님께 말씀을 드렸다.

"세존이시여, 이 비구는 몹시 탐욕스럽습니다."

그러자 부처님께서 그 비구에게 물으셨다.

"비구여, 그대가 탐욕스럽다는 것이 사실인가?"

비구가 답하였다.

"그렇습니다. 세존이시여, 저는 욕심이 많습니다."

그러자 부처님은 말씀하셨다.

"그대는 전생에도 탐욕에 가득찬 행동을 일삼았다. 그 때문에 너는 네 생명을 빼앗겼을 뿐만 아니라 현자들까지도 사는 곳을 잃고 말았다."

부처님은 그의 전생이야기를 이렇게 들려주셨다.

옛날, 바라나시에서는 모두가 새를 애지중지하며 기르고 있었다. 자기가 기르고 있는 새는 물론이요, 산과 들을 날아다니는 야생 조류까지도 사랑하고 보호하였다. 사람들은 자기들의 집에 새가 살기 편한 곳에 바구니를 걸어놓고서 자유롭게 출입할 수 있도록 하였다. 덕분에 새들은 밤이 되어도 지붕 아래에서 편안하게 잠들 수가 있었다.

어느 부잣집에서 요리사로 일하고 있는 남자도 자신의 부엌에 새 바구니를 하나 걸어놓고 있었다. 바구니 안에는 하얀 비둘기가 살고 있었다. 그 비둘기는 새벽이 되면 바구니를 나와서 먹을 것을 찾으러 멀리 날아갔다가 해가 저물면 돌아왔다.

어느 날, 까마귀 한 마리가 찾아왔다.

"어디선가 향긋하고 좋은 냄새가 나는걸…"

슬쩍 부엌을 엿보니 아주 먹음직스런 커다란 고기와 생선이 산더미처럼 쌓여져 있었다. 까마귀는 잠시 주위를 빙빙 날아다니면서 냄새를 맡다가 참을 수 없게 되자 무슨 수를 써서라도 부엌으로 몰래 숨어들어가 그 고기와 생선을 먹어야겠다고 생각하였다. 까마귀는 그 집에 걸려 있는 새 바구니에 비둘기가 살고 있는 것을 보고 계획을 생각해냈다.

다음 날 아침이 되자 비둘기가 먹이를 구하러 날아갔다. 그러자 까마귀는 얼른 그 뒤를 쫓아갔다. 비둘기가

하늘 높이 춤을 추면 까마귀도 춤을 추었고, 비둘기가
바람을 타고 날개를 펼치면 까마귀도 날개를 펼쳤다.

"넌 대체 무슨 생각에서 나를 뒤쫓아오는 거니?"

비둘기가 까마귀에게 물었다.

"아, 미안해. 하지만 이상하게 생각하지는 말아줘. 나
는 네가 하늘을 나는 모습에 반해버렸거든. 함께 날고
있자면 얼마나 기분이 좋아지는지 몰라. 그래서 이렇게
쫓아다니게 된 거란다."

까마귀는 대답했다.

비둘기는 별 우스운 일도 다 있다고 생각했지만 까마
귀가 별달리 나쁜 짓을 한 것도 아니기에 그대로 내버
려 두었다.

'까마귀들이란 언제나 곧 싫증내기 마련이니까…'

비둘기는 신경을 쓰지 않기로 했다. 하지만 까마귀는
언제까지나 비둘기를 쫓아다니면서 비둘기 흉내를 내었
다. 그러다가 마침내 목장 근처까지 쫓아오고 말았다.

"까마귀야! 너희들이 먹는 것은 우리들 비둘기와는
전혀 다르지? 여기에는 우리들이 먹을 것은 다양하게
많이 있지만 너희가 좋아하는 것은 없단다."

"아니, 상관없어."

까마귀는 그렇게 말하며 비둘기를 쫓아왔다.

'내가 좋아하는 것은 좀 색다른 곳에 있지…'

까마귀는 하마터면 이렇게 말할 뻔 했지만 가까스로

비둘기와 까마귀
149

입을 다물었다.

목장에 내려서 비둘기는 나무 열매와 풀을 먹었다. 하지만 까마귀는 쇠똥을 뒤적이다 간신히 벌레 몇 마리를 발견하고서 겨우 허기를 채웠다. 저녁이 되자 비둘기는 요리사의 주방을 향해 날아갔다. 까마귀 또한 그 뒤를 부지런히 쫓아갔다. 그리하여 마침내 요리사의 집 안까지 들어갔다.

"저런, 우리 비둘기가 친구를 데리고 왔네. 그런데 아무리 친구라지만 비둘기와 까마귀가 어울린다는 것은 왠지 이상한걸."

요리사는 그렇게 말하며 또 하나의 바구니를 부엌에 매달아 주었다. 까마귀는 그 속에서 새근새근 잠들었다.

다음 날 아침 일찍 눈을 뜨자 비둘기가 또다시 먹이를 구하러 가자고 말했다. 하는 수 없이 까마귀도 뒤를 따랐다. 가는 도중에 요리사의 집으로 수많은 고기와 생선이 운반되어 가는 것이 보였다. 까마귀는 하늘에서 군침을 흘리며 그것을 지켜 보았다. 온종일 고기와 생선이 머리에서 떠나지 않자 까마귀는 그날 하루를 내리 멍청히 지낼 수밖에 없었다. 비둘기 흉내를 내며 날아도 보았지만 더이상 참을 수 없게 되자 몇 번이나 집으로 돌아가자며 비둘기를 졸라댔다.

집에 돌아오니 고기와 생선은 이미 요리되어 부잣집으로 실려나간 뒤여서 아무것도 남아 있지 않았다.

본생경

"젠장."

까마귀는 혀를 찼다.

'내일이면 또다시 고기와 생선을 가득 싣고 올 게 분명해. 내일은 어떻게든 집에 남아서 그것들을 모조리 먹어 치워야지.'

까마귀는 머리를 굴리며 생각해냈다.

다음 날 아침, 비둘기는 언제나처럼 일찍 눈을 뜨고서 까마귀에게 나가자고 말했다. 하지만 까마귀는 옆 바구니에서 딴전을 피웠다.

"왜 그러는 거니?"

비둘기가 물었다.

"어쩐지 몸이 좋지 않아."

까마귀는 배를 문지르면서 답했다.

"그래? 하지만 네 날개 색은 그리 나빠보이지 않는걸?"

비둘기가 까마귀를 들여다보면서 말했다.

"그런데 왜 그런지 배가 몹시 아픈걸…"

"아픈 것같아 보이지 않는데?…"

"아냐, 감기기운도 있고…"

"저런, 정말 안됐구나."

"응, 머리도 아프고 다리도 몹시 아파."

까마귀는 온갖 거짓말을 늘어놓았다. 비둘기는 왠지 미심쩍다고 생각하면서 까마귀의 모습을 보고 있었다.

까마귀는 때때로 덜덜 떨기도 하면서 비둘기를 흘끗 보았다.

"어쨌든, 병든 너를 무리하게 데리고 나갈 수는 없는 일이지. 하지만 만에 하나 이 집안에 있는 것을 훔치려고 해서는 절대 안 된다는 것을 명심해야 해."

"그런 일은 없을거야."

까마귀는 단호하게 고개를 저었다.

"잘 알고 있겠지만 인간이 먹는 음식은 새들에게는 맞지 않으니 괜한 욕심은 갖지 않는 것이 좋아. 그러다 엉뚱한 일을 당하는 것은 자기 자신이니까 말이야. 정말로 병이 나서 그렇다면 푹 쉬렴."

비둘기는 그렇게 말하고 나서 날아갔다.

까마귀는 안도의 한숨을 내쉬며 바구니 안에서 기다리고 있었다. 과연 예상한 대로 그날도 많은 고기와 생선이 운반되어 왔다. 까마귀는 기뻐서 어쩔 줄을 몰랐다. 요리사는 지체 않고 고기와 생선을 다져서 음식 만들 준비에 들어갔다. 모든 재료들을 냄비와 접시에 담고서 요리사는 부엌을 나갔다.

"때는 이 때다."

까마귀는 바구니에서 나왔다. 그리고 요리사가 빨리 돌아오지 않으리라는 것을 알고서 부엌의 냄비와 접시 사이를 활보하였다. 그리고 음식들을 시식해보니 왠지 자신이 엄청난 부자라도 된 듯 가슴이 뿌듯해졌다.

"하하하… 뭐든 손에 잡히는 대로 먹어치울 수 있다. 으음, 얇게 저민 고기는 배가 쉽게 불러오지 않지! 이쪽에 있는 저민 고기부터 한 번 시식해 볼까!"

까마귀는 거드름을 피우며 이렇게 말한 뒤에 얇게 저민 고기가 들어 있는 냄비 있는 곳에 멈춰섰다. 뚜껑이 약간 열려 있어서 그곳에 부리를 들이밀고서 냄비 안에 있는 고기를 먹기 시작하였다. 그런데 욕심이 컸던 나머지 커다란 고기를 덥석 물고 빼내려다 뚜껑이 식탁 아래로 미끄러져 요란한 소리를 내었다.

이상한 소리가 들리자 요리사가 황급히 부엌으로 들어왔다. 그곳에는 까마귀가 커다란 고기를 삼키려고 눈을 희번덕거리고 있는 참이었다.

"이런 날강도같은 까마귀놈아!"

요리사는 까마귀의 머리를 낚아챘다. 그리고 눈깜짝할 새에 털을 죄 뽑아서 발가숭이로 만들었다. 온갖 매운 조미료를 듬뿍 섞어서 까마귀 몸에 뿌렸다.

"통째로 구워먹지 않은 것만도 고맙게 생각해!"

요리사는 까마귀를 바구니 속에 던져 넣었다.

저녁이 되어 돌아온 비둘기는 바구니 속에서 얼얼한 양념 때문에 괴로워하고 있는 까마귀를 보았다.

"내가 말한 것을 왜 듣지 않았니? 충고를 귀담아 듣지 않은 벌이다. 욕심이 지나친 것에 대한 과보는 반드시 자신에게 되돌아오는 법이지. 그건 그렇고 나야말로 이런 도둑놈을 집 안으로 끌어들이고도 무슨 염치로 이 집에서 살 수 있겠어!"

비둘기는 요리사의 집을 떠나갔다.

까마귀는 털을 죄 뽑히고 바구니 속에서 발가숭이로 괴로워하며 몸부림을 치다가 죽어갔다.

부처님은 이렇게 전생이야기를 들려주신 뒤에 그 비구를 위해 네 가지 성스러운 진리를 말씀하셨다. 그 탐욕에 가득찬 비구는 곧 자신의 허물을 참회하고 그 자리에서 아라한과를 얻었다. 부처님은 그 비구가 아라한과를 얻은 것을 아시고 이렇게 말씀하셨다.

"비구들이여, 그때의 그 탐욕스럽던 까마귀는 지금의 저 비구였고, 그 비둘기는 바로 나였다."

〈쟈타카 42〉

13. 아기 코끼리의 죽음

이 전생이야기는 부처님께서 기원정사에 계실 때 어떤 노승에 대해 말씀하신 것이다.

그 노승은 어떤 사미[1]를 출가시켰다. 그 사미는 노승의 시자가 되어 그를 섬겼다. 하지만 어느 날인가 사미는 중병에 걸려 그만 세상을 떠나고 말았다. 그러자 노승은 모든 일에서 손을 놓은 채 시름에 잠겼다. 언제나 슬피 울면서 지내는 그의 모습을 보고 비구들이 법당에 모여 이야기를 나누었다. 그때 부처님께서 그 법당으로 오셔서 비구들에게 물으셨다.

"비구들이여, 그대들은 무슨 이야기를 나누려고 이곳에 모여 있는가?"

"세존이시여, 저 노승은 어린 사미가 죽자 슬픔에 잠겨 울부짖고 다닙니다. 그는 죽음에 대한 부처님의 바른 가르침의 수행법에 대해 모르고 있는 것같습니다."

그러자 부처님은 말씀하셨다.

"비구들이여, 그 노승은 지금뿐만이 아니라 과거생에
도 그러하였다."

옛날, 카시국[2]의 어떤 도시에 아주 돈많은 바라문이
살고 있었다.

어느 해인가 봄에 바라문은 재산과 처자를 모두 버리
고 히말라야의 깊은 산 속으로 들어가 홀로 암자를 짓
고 행자로서 생활하기 시작하였다.

어느 날, 언제나처럼 그날 먹을 나무 열매와 풀을 찾
으러 나서는 도중에 한 마리 아기 코끼리를 만났다. 아
기 코끼리는 부모와 사별하였는지 외톨이가 되어서 굶
고 있는 모양이었다. 행자는 아기 코끼리를 자신의 암자
로 데리고 왔다. 아기 코끼리는 금새 행자를 따랐다. 눈
을 가늘게 뜨고 코를 길게 늘이고는 행자에게 응석을
부리는 것이었다. 행자는 아기 코끼리에게 소마닷타라는
이름을 붙이고, 나뭇잎과 풀을 먹이며 마치 자기 아이처
럼 극진히 길렀다.

아기 코끼리는 무럭무럭 자라 몸집이 부쩍 커지자 행
자를 등에 태우고 먹을 것을 찾으러 함께 나서기까지
하였다.

그런데 어느 날, 아기 코끼리는 너무 많이 먹었는지
소화불량을 일으키더니 갑자기 온몸의 힘이 빠져버렸다.

행자는 걱정이 되어 소마닷타를 암자로 데려다 놓고서 약초와 부드러운 풀을 모으러 나갔다. 하지만 코끼리는 행자가 돌아오는 것을 기다리지 못하고 죽고 말았다.

행자는 산더미처럼 풀을 짊어지고 숨을 헐떡이며 돌아왔지만 언제나처럼 암자의 문을 코로 열어젖히고 마중나오는 코끼리의 모습이 보이지 않았다. 더럭 겁이 난 행자는 코끼리의 이름을 불러댔다.

평소에는 숲의 저편에서부터
달려와 나를 맞이하던
사랑스런 코끼리여! 왜 보이지 않느냐?
소마닷타여! 어디에 있니?

설마하며 불안에 사로잡혀 암자 근처까지 행자는 달려왔지만 명상할 때 쓰던 자리에 앞발을 올려놓은 채 소마닷타의 커다란 몸은 쓰러져 있었다. 행자는 가까이 달려가 이미 숨이 끊어진 코끼리의 커다란 머리를 끌어안고 눈물을 흘리며 노래를 불렀다.

이렇게 쓰러져 죽어 있는 코끼리는
정녕 소마닷타가 아니던가, 오, 나의 코끼리가 아니던가!
뽑히어 내던져진 어린 싹처럼

아기 코끼리의 죽음
157

땅 위에 덥석 쓰러져
진정 그대는 죽었단 말인가?

그때 제석천이 이 행자의 울음소리를 들었다.
"저 행자는 모처럼 처자까지 다 버리고 출가한 것처럼 보이더니 지금은 코끼리를 제 친자식인 양 애정을 품고 울고 있다. 이래서는 애욕을 버리고 출가한 의미를 잃어버리게 되지 않겠는가?"
제석천은 하늘에서 내려와 숲의 암자 위에 그대로 멈춰선 채 행자를 향해 물었다.

행자가 되어서
애욕을 버리고 깨달음의 경지를 구하더니
이제와 그것을 망각하고
흘리는 그대의 눈물이여!
이렇게 죽은 이를 비탄하는 그대의 눈물이여!

이 소리를 들은 행자는 허공을 우러르며 눈물도 닦지 못한 채 답하였다.

그렇게 말씀은 하시지만 제석천이시여!
사람도 짐승도 애정을 품으면
사랑하는 마음은 한결같답니다.

그런데 어떻게 울지 않을 수 있습니까?

제석천은 부드럽게 달래었다.

아무리 눈물을 흘려본들
죽은 자는 두 번 다시 돌아오지 않도다.
만약 눈물을 흘려 죽음을 돌이킬 수 있다면
어느 누구인들 평생을 울지 않으리!
아무리 죽은 자를 비탄하여도
아무리 죽음 그 자체를 비탄하여도
그것은 소용없는 일!
지금 이렇게 살아있는 자도
누구나 죽음에서 도망칠 수는 없는 법.
눈물을 거두라, 바라문이여!
현자의 길을 닦을지어다.

행자는 이 말에 출가의 길에 들어섰을 때의 일을 상기하며 눈물을 거두었다. 제석천을 향하여 합장하고서 다음과 같이 노래하며 감사의 마음을 전하였다.

기름을 들어부운 불처럼
제 가슴의 타오르는 불을
그대는 꺼주셨나이다.

타오르는 불에 물을 퍼붓듯이.

마음 속 깊은 곳에서 찔러대는
저 깊은 근심의 바늘 끝을
그대는 뽑아주셨나이다.
한 손으로 가시를 뽑아내듯이.

제석천은 행자의 말에 고개를 끄덕이며 다시 하늘로
돌아갔다.

부처님은 이어서 이렇게 말씀하셨다.
"그때의 저 아기 코끼리는 지금의 저 사미요, 그 행자
는 바로 슬픔을 가누지 못하는 저 노승이며, 제석천은
바로 나였다."

〈쟈타카 410〉

1) 아직 구족계를 받지 않은 나이 어린 출가승. 남자는 사미, 여자
는 사미니라 부르며 그들이 구족계를 받으면 비구, 비구니가
된다.
2) 일명 바라나시. 중인도에 있던 옛 왕국이다. 수도는 바라나시였
다고 전해지고 있다.

14. 어린 메추라기의 기도

　　이 전생이야기는 부처님께서 마갈타국을 여행하고 계실 때 산불이 꺼진 것에 대해 말씀하신 것이다.

　　어느 때 부처님과 많은 비구들이 마갈타국의 어느 마을에서 탁발하고 돌아오시던 길이었다. 마침 그때 엄청난 산불이 일어났다. 그 불은 시커먼 연기와 뜨거운 열기로 사방을 맹렬한 기세로 태우고 있었다. 비구들은 혹시 그 산불에 죽을까 겁을 내면서 어떻게든 불을 끄려고 하였다. 그때 다른 비구가 이렇게 말하였다.

　　"법우들이여, 그대들은 지금 대체 무엇을 하고 있는가? 그대들은 인간과 천상세계에 견줄 이 없는 어른을 모시고 있으면서 그같은 진정한 부처님을 생각할 줄은 모르고 그저 불을 끄자고 외쳐대고만 있구나. 그대들은 정녕 부처님의 신통력을 모르고 있단 말인가? 자, 어서 부처님에게로 달려가보자."

그리하여 비구들은 부처님 주위로 몰려들었다. 산불은 맹렬하게 타오르면서 부처님의 주변에까지 번졌다. 그런데 이게 웬일인가? 하늘이라도 삼킬 듯이 시뻘겋게 불길을 뿜어내던 불이 부처님 주변에 이르더니 마치 깊은 연못에 던져진 횃불마냥 피지직 소리를 내며 꺼져버리는 것이 아닌가?

비구들이 부처님의 그같은 공덕을 찬탄하기 시작하자 부처님은 그들에게 이렇게 말씀하셨다.

"비구들이여, 불이 이 근처까지 오다가 꺼져버린 것은 결코 지금의 내 힘만이 아니다. 이것은 내 과거의 진실한 힘이다. 왜냐하면 불이 여기서 영원히 붙지 못할 것이기 때문이다. 이것은 즉 겁이 지속하는 동안의 기적이다."

그때 장로 아난다는 부처님이 앉으시도록 가사를 네 겹으로 접어 깔았다. 부처님께서 그곳에 단정히 앉으시자 비구들이 공손히 절을 하고 다시 부처님께 여쭈었다.

"세존이시여, 저희들은 현재만 알고 과거는 모릅니다. 그 과거이야기를 들려주십시오."

비구들의 청에 따라 부처님은 그 전생이야기를 들려주었다.

옛날 마가다국의 어떤 숲 속에서 귀여운 새끼 메추라기가 태어났다. 알이 깨지면서 마치 둥실 떠오른 보름달처럼 포동포동 살찐 귀여운 얼굴이 나왔다. 부모는 이 포실포실한 새끼가 너무나 귀여워 견디지 못하였다. 부모는 매일 사방으로 날아가 새끼가 좋아할만한 먹이를 물어왔다.

"자, 맛있지? 많이 먹고 하루 빨리 날개와 다리가 튼튼해지렴!"

그렇게 말하면서 부모는 맛나게 먹이를 먹는 자식의 모습을 자랑스럽게 바라보았다.

마침 그때 새들이 살고 있는 숲에 엄청난 산불이 발생했다. 그렇지 않아도 건조해있던 숲의 나무들은 서로 가볍게 부딪치기만 해도 불이 화락 옮겨 붙었다. 그리하여 맹렬한 속도로 나무에서 나무로, 가지에서 가지로, 잎에서 잎으로 옮겨 붙더니 마침내 산불은 온 산 전체로 번져나갔다.

보름달처럼 포동포동 살찐 메추라기 새끼는 아직 날개가 충분히 자라지 않았으며 걸음마도 제대로 하지 못했다. 그런 때 끔찍스런 산불이 숲에 일어났던 것이다.

"아니, 세상에! 저편 하늘이 벌겋게 달아올랐네!"

어미 메추라기가 하늘을 바라보았다.

"게다가 연기와 매캐한 냄새까지 나잖아?"

아비 메추라기도 불안한듯 중얼거리고 있었는데 마침 그때 숲의 온갖 나뭇가지에서 퍼드덕 하며 새들이 날아오르기 시작했다.

어린 메추라기의 기도
163

"이를 어쩌지? 아직 우리 아기는 날 수가 없는데…"

"게다가 땅 위를 뛰어다닐 수도 없잖아!"

점차 불기운이 강하게 다가오는 가운데 부모는 안절부절하며 불안을 가라앉히지 못하였다. 곧이어 인근의 숲에서 빠작빠작 나무들이 타는 소리가 나기 시작하더니 하늘이 저녁 노을에 물든 것마냥 시뻘겋게 달아올랐다. 부모는 그런 광경을 보자 아직 작고 귀여운 아기 메추라기를 둥지에 남겨두고 부랴부랴 날아가버리고 말았던 것이다.

새끼 메추라기는 번져오는 연기 속에서 산불이라는 난생 처음 보는 끔찍한 비극이 파도처럼 자신에게 다가오는 것을 깨달았다.

"아아, 뜨거운 바람이 불어오네. 아, 고통스러워. 연기가 너무 매워 숨쉴 수가 없어. 못 견디겠어. 날 좀 도와줘!"

새끼는 절규하였다. 하지만 이미 숲 속에 살고 있던 새란 새는 모조리 달아나버리고, 이렇게 덩그러니 앉아 피하지도 못하고 있는 것은 자신뿐인 것만 같았다.

"어떻게 하면 좋아? 나는 아직 날지도 못하는걸! 잘 걷지도 못하고 뛰는 일은 더욱 못해. 저렇게 하늘을 물들이며 뜨거운 바람을 실어오는 불 속으로 나 혼자 삼켜지고 말겠지. 아아, 어떻게 해야한담!"

처음에는 어쩔 줄 몰라 둥지 안을 맴돌면서 발버둥을

쳐보았지만 더이상 어떻게 한다는 것이 불가능한 일임을 깨닫고서 이번에는 그래도 뭔가 구원받을 방법은 있지 않을까 생각하며 필사적으로 머리를 짜내었다.

"죽는 것은 싫어. 어떻게든 살아나야 해!"

중얼거리는 가운데 점점 간절한 기도의 문구에 다가가게 되었다. 더이상 갈팡질팡하지도 않고 오로지 한마음으로 기도하기 시작하였다.

"저는 맹세합니다. 옛날부터 존재하고 계신다는 모든 부처님처럼 계율을 지키고, 진실하게 살며, 자비심을 지니고 살아가겠습니다. 그러니 부디 저를 구제해 주소서. 그리고 아버지와 어머니, 이 숲의 모든 목숨들을…"

자신만의 구제가 아닌 부모와 다른 동물들의 무사까지 정신없이 기도하였다. 어린 메추라기의 그런 모습은 타인의 고통까지도 구제하려는 존귀한 자비심으로 넘쳐나는 진실한 수행자의 모습이었다. 그리고 인내함으로써 살아가는 것의 참다운 이치를 판별하는 현자의 모습이기도 하였다. 새끼 메추라기는 온 마음을 기울여 노래하였다.

날개가 있다지만 날지 못해요.
다리가 있다지만 걷지도 못해요.
아버지와 어머니도 곁에 없답니다.
오오, 불이여! 사라지소서.

어린 메추라기의 기도

어느 정도의 시간이 흘렀을까? 그토록 기세좋게 타오르던 불이 새끼 메추라기가 살고 있는 숲의 바로 앞에서 일시에 얼음물을 끼얹은 듯 꺼져버렸던 것이다. 어린 메추라기는 놀람과 동시에 감동을 받아 넋을 잃고 그 광경을 지켜보았다.

'뭔가 위대한 힘이 우리들을 지켜주신다.'

어린 메추라기의 가슴은 감동과 감사의 마음으로 전율하기 시작하였다.

부처님은 말씀하셨다.

"비구들이여, 이 산불이 번지지 않은 것은 지금의 내 힘에만 의한 것이 아니라 전생에 내가 메추라기 새끼로 있을 때에 실현한 진실의 힘에 의한 것이다."

이어서 네 가지 성스러운 진리를 설하시자 그 자리에 있던 비구들은 혹은 예류과를, 어떤 이는 일래과를, 어떤 이는 불환과를 그리고 어떤 이는 아라한과를 얻었다. 부처님은 다시 말씀하셨다.

"그때의 양친은 지금의 내 양친이요, 그때의 어린 메추라기는 지금의 나였다."

〈쟈타카 35〉

본생경
166

15. 황금빛 공작

이 전생이야기는 부처님께서 기원정사에 계실 때 출가생활에 싫증을 느낀 한 비구에 대해 말씀하신 것이다.

비구들은 그를 데리고 부처님께로 나아갔다. 그러자 부처님께서 물으셨다.

"비구여, 그대는 출가생활에 싫증을 느낀다고 하는데 그것이 사실인가?"

비구가 답하였다.

"예, 그렇습니다, 세존이시여."

부처님께서 다시 물으셨다.

"그대는 무엇 때문에 그런 마음이 생겼는가?"

"아름답게 치장한 여인을 보았습니다. 그 여인을 본 순간 이 출가생활이 싫어졌습니다."

그러자 부처님은 말씀하셨다.

"비구여, 여자란 그대와 같은 사람의 마음만을 어지럽

힌 것은 아니다. 옛날의 현인들은 여자의 소리를 듣고도 7백 년 동안 번뇌를 일으키지 않았다가 어떤 기회가 오자 순식간에 음행하고 말았다. 청정한 사람도 번뇌를 일으키고 명성 높은 사람도 명예스럽지 못한 짓을 하는데 하물며 너처럼 깨끗하지 못한 사람이겠는가?"

그리고는 이어서 전생이야기를 들려주셨다.

바라나시에서 멀리 떨어진 숲에 한 마리 공작이 알을 낳았다. 그 알은 주변에 향긋한 내음을 풍기며 금빛 찬란한 꽃을 피우는 카니카알라꽃 봉오리처럼 아름다웠다.

그 아름다운 알이 깨지면서 어린 공작이 이 세상으로 나왔다. 온몸이 금빛으로 빛나며 날개는 붉은 줄무늬로 장식되어 있었다. 공작은 도시의 상공을 날아올랐다. 아름다운 선녀와도 같은 자태로 소리도 날듯 말듯 하늘을 춤추며 히말라야 지방으로 날아갔다. 세 개의 산맥을 넘어서 네 번째 산맥, 단다카 금산을 넘자 그곳에는 녹음이 우거진 평원이 펼쳐져 있었다. 아름다운 공작은 이 평원에서 살기로 하였다.

아침에 태양은 단다카산에서 떠올랐다. 공작은 태양을 향해서 기원하였다.

"나는 그대의 가피로 즐거운 하루를 보내렵니다."

공작은 찬란한 태양을 향해 절을 하며 또한 과거에 깨달음을 연 모든 부처님의 덕을 생각하며 예배하였다.

단다카 금산은 마을에서 멀리 떨어져 있었으므로 바라나시 사람들은 이 산이 있다는 것조차 알지 못하였다.

그런데 어느 날, 히말라야를 온통 헤집고 돌아다니던 사냥꾼이 우연히 이 산 기슭을 지나갔다.

"오오오!"

사냥꾼은 외마디 소리를 내지르며 그 자리에 멈춰섰다. 단다카 금산의 정상에 아름다운 공작이 기도를 올리고 있는 것이 아닌가? 사냥꾼은 자신도 모르게 그 아름답고 신비스러운 공작에게 예배를 올렸다.

사냥꾼은 집으로 돌아오자 자기가 본 광경을 아이들에게 이야기해주었다.

"나는 그토록 아름다운 공작을 본 적이 없단다. 온몸에서 황금빛이 뿜어져 나오는 것이 아니겠니?"

이 소문은 순식간에 거리로 퍼져나갔지만 왕의 귀에까지는 미치지 못하였다. 어느 날 밤 왕비 케마의 꿈에 그 황금빛 공작이 나타났다. 꿈속에서 공작은 왕비에게 더없이 귀중한 가르침을 설해주었던 것이다. 왕비는 다음 날 아침, 법을 설해준 황금빛 공작을 꿈에서 보았다고 왕에게 고하였다.

"어딘가에 황금빛 공작이 살고 있음이 틀림없습니다. 소원입니다. 그 황금빛 공작을 전하의 위력으로 찾아 주소서. 저는 오로지 그 공작에게서 한 번 더 법을 듣고 싶은 생각에 이렇게 애태우고 있답니다."

황금빛 공작새

필사적으로 매달리며 애원하는 왕비를 왕은 말렸다.

"황금빛이 나는 공작이라구? 대체 그런 새가 어디 있단 말이오? 꿈이란 때때로 순 엉터리같은 것도 다 보여준단 말이야."

그래도 왕비는 고집을 꺾지 않았다.

"아닙니다. 분명히 그 모습을 보고 저는 절하였답니다. 금빛 찬란한 공작이 어딘가에 있음이 틀림없습니다."

아무리 어르고 달래보아도 왕비는 듣지 않고 더욱 왕을 졸라대었다. 곤란해진 왕은 사제들을 불렀다.

왕은 사제들에게 물었다.

"왕비는 꿈에서 보았다면서 금빛 나는 공작을 데려와 달라고 저리도 간곡히 청하고 있다. 정말 그러한 공작이 이 세상에 있을고?"

"예, 왕비마마의 꿈은 사실입니다. 황금빛 공작은 있습니다."

"호오, 과연 정말로 존재한단 말이지?"

왕은 놀라서 물었다.

"어디에 있는가?"

사제들은 황금빛 공작을 본 적은 없었다. 또한 그들의 성전에도 그에 관한 기록은 없었다. 하지만 사냥꾼이 퍼뜨린 소문을 사제들은 최근에 전해들었다.

왕은 거듭 물었다.

"어디에 그 공작이 살고 있단 말인가?"

"그 거처에 대해서는 사냥꾼이 알고 있습니다."

그러자 왕은 지체하지 않고 사냥꾼들을 불러 모았다.

"그대들 가운데 금빛 나는 공작의 거처를 알고 있는 자가 분명 있을 것이다. 숨기지 말고 정직하게 고하라."

그러자 사냥꾼 가운데 한 사람이 머뭇머뭇 앞으로 나아가 고하였다.

"전하, 이 도시에서 네 번째 산맥을 넘어가면 단다카 금산이라는, 하늘에라도 닿을 듯한 빼어난 산이 있습니다. 금빛 공작은 그곳에서 살고 있습니다."

"과연 왕비의 꿈이 거짓이 아니었도다!"

왕은 크게 기뻐하였다.

"어떤가? 그 공작을 생포해 올 수 있겠는가?"

"저어…"

사냥꾼은 왕을 비통한 얼굴로 올려다보았다. 사냥꾼에게는 자신이 없었던 것이다.

"그대는 누구에게도 지지 않는 훌륭한 솜씨를 지닌 사냥꾼이라고 내 일찍이 듣고 있었다."

"비록 그렇다 하더라도 이번 일은 자신이 없습니다."

왕은 옆에 있던 왕비의 얼굴을 보았다. 왕비의 얼굴은 어두워졌다. 왕은 잠시 눈을 감았다. 그리고 결심한 듯이 감연히 눈을 떴다.

"나는 그대에게 명령한다. 어서 그 산으로 가서 황금빛 공작을 생포해 오라. 죽여서는 안 되고 오직 생포해

황금빛 공작새
171

야만 한다."

"예, 예."

사냥꾼은 그 자리에 엎드렸다. 왕의 명령을 거역할 수는 없는 일이었다.

명령을 받은 사냥꾼은 단다카 금산으로 출발해서 그물을 펼치고 덫을 만들었다. 온갖 머리를 짜내어 수단과 방법을 가리지 않고 황금빛 공작을 생포하려고 하였다. 하지만 잡지 못하였다. 사냥꾼은 한 번도 집으로 돌아가지 않았다. 생포하지 않고서 집으로 돌아갈 경우 그대로 목숨이 날아가기 때문이었다. 밤에는 잠도 변변히 잘 수 없었다. 오직 단다카 금산의 기슭을 이리저리 맴돌 뿐이었다. 그러는 동안 7년이 지났다. 7년째 되던 해에 사냥꾼은 계곡 아래로 굴러 떨어져 죽고 말았다.

성에서는 케마왕비가 목이 빠져라 기다리고 있었다.

"오늘은 오겠지, 어쩌면 내일이면 당도할지도 몰라."

성의 누각에서 단다카 금산이 있을 쪽을 향하여 하염없이 목을 늘어뜨렸다. 그러나 사냥꾼이 죽었다는 소식을 전해듣고 낙담한 왕비는 그만 끝끝내 황금빛 공작에게서 법을 들으려는 바람을 이루지 못한 채 숨을 거두고 말았다.

왕은 시름에 잠겼다. 왕비의 죽음에 대한 비탄은 분노로 격변하였다. 그 분노는 지금까지 생포하기는 커녕 일찍이 한 번도 보지 못했던 황금빛 공작에게 향하였다.

'내게도 뜻이 있다. 무슨 일이 있어도 황금빛 공작을 생포하고야 말리라.'

왕은 눈을 부라렸다.

'내가 살아있는 동안 무슨 일이 있어도 잡고야 만다. 만약 내 일대에 그 일을 이루지 못한다면 그 뜻을 아들에게, 또 그 아이가 이루지 못하면 대대로 왕위에 오르는 자에게 그 뜻을 잇게 하리라.'

왕은 신하를 불러 자신의 생각을 황금 판자에 새기도록 하였다.

"히말라야 근처에 단다카 금산이라고 하는 빼어난 산이 있다. 그곳에 황금빛 공작이 살고 있다. 이 공작의 고기를 먹는 자는 불로장생하리라."

왕비가 살아있을 때는 생포하도록 명령하였다. 황금빛 공작으로부터 진기한 법을 전해듣고 싶어서였다. 하지만 이제 왕비는 없다. 지금에 와서 생포할 이유가 없어진 셈이다.

'왕비를 죽인 저 가증스런 공작을 죽이고 말리라.'

그렇게 생각한 왕은 복수심에 불타서 금판에 새기도록 하였던 것이다.

"그 고기는 맛있을 뿐만 아니라 불로장생의 약이 된다."

이로부터 얼마 지나지 않아 왕도 왕비의 뒤를 따랐다. 그래서 이 포고는 왕의 유언이 되었다.

황금빛 공작새

뒤를 이은 왕은 금판에 새겨진 그 포고를 읽고 가슴이 두근거렸다.

"오호라, 그 고기를 먹으면 맛도 좋을 뿐더러 늙지도 않고 오래 산다는 말씀이렷다!"

불려온 사냥꾼은 주저주저하며 말하였다.

"저는 황금빛 공작이 어디에 있는지 전혀 알지 못합니다."

새 왕은 분노하였다.

"명령이다! 찾아내라!"

"그렇지만 아무도…"

"명령이라고 했다. 황금빛 공작을 끌고 오란 말이다!"

"예!"

사냥꾼은 공작을 잡으러 갔다. 그리고 몇 년이 지나도 돌아오지 않았다. 3대째 왕, 4대째 왕, 5대와 6대째 왕이 연이어 금판에 새겨진 유언에 가슴을 두근거리며 사냥꾼을 산으로 보냈지만 결과는 마찬가지였다. 사냥꾼은 돌아오지 않았던 것이다. 황금빛 공작은 더더욱 환상 속의 새가 되어갔다.

7대째 왕이 즉위하였다. 이 7대째 왕도 사냥꾼을 산으로 보냈다. 사냥꾼을 떠나보내면서 왕은 말했다.

"지금까지의 사냥꾼은 발로 황금 공작을 찾아다녔다. 하지만 그대는 꾀를 써서 찾아보도록 하라."

"꾀라고 하셨습니까?"

본생경
174

"그렇다. 그대는 사냥꾼 가운데 가장 지혜로운 자라고 들었다. 그대를 믿겠다."

"예!"

당나귀에 연신 채찍을 가하여 단다카 금산에 도착한 사냥꾼은 자신이 개발해낸 새로운 덫을 여기저기에 놓았다. 하지만 허사였다. 사냥꾼은 당나귀를 재촉하여 산기슭을 이리저리 헤매고 돌아다녔다. 어느 날 그는 우뚝 멈춰섰다. 산 정상에 황금빛 찬란한 공작이 있는 것이 아닌가! 환상 속의 공작이 아니었다. 진짜 살아있는 황금빛 공작을 본 것이다. 게다가 공작은 한 마리가 아니었다. 황금빛 공작은 아내를 맞아들였는지 두 마리의 공작이 사이좋게 노닐고 있었다.

몸을 나무 그늘에 숨긴 사냥꾼은 두 마리 공작을 지켜보면서 팔짱을 끼고 골똘히 생각하였다. 잠시 생각에 잠겼던 그는 싱긋 웃으면서 중얼거렸다.

"황금빛 공작은 어떤 주문으로 자신을 보호하고 있을 것이다. 그러니 아무리 붙잡으려 해도 잡히지 않는 것일게다. 하지만 저 암놈은 그저 평범한 공작이다. 붙잡는 것이야 시간 문제다."

사냥꾼은 곧이어 황금빛 공작에게는 눈도 주지 않고 오로지 암놈만을 쫓아다녔다. 그리고 며칠이 지난 뒤에는 생포할 수 있었다. 사냥꾼은 지혜도 있었지만 부모로부터 물려받은 놀라운 수완도 갖추고 있었다. 평범한 공작을 잡는 데에는 아무런 수고도 하지 않았다.

이제 암놈을 생포한 사냥꾼은 그것을 바구니에 넣어서 길렀다. 매일 맛있는 먹이를 주면서 길들였다. 열흘이 지나자 그 공작은 사냥꾼의 어깨에 날아오를 정도로 길들여졌다.

한 달이 지났을 때는 사냥꾼이 손뼉을 치면 암공작은 날개를 확 펴며 뛰어올랐다. 손가락을 튕기면 아름다운 소리로 노래하였다. 공작과 사냥꾼은 마음이 통하기 시작하였던 것이다.

그런데 사냥꾼이 암놈을 사육하였던 데에는 다 이유가 있었다. 암놈을 미끼로 삼으려고 했던 것이다. 사냥꾼은 사전에 황금빛 공작의 보금자리를 탐색해 두었다. 황금빛 공작은 맑고 푸른 아늑한 호숫가의 잎이 무성한 보리수 가지에서 살고 있었다. 황금빛 공작은 이 거처에서 밤이면 잠들고 태양이 고개를 내밀 때면 단다카 금산의 정상으로 날아가서 아침 인사를 올렸던 것이다. 사냥꾼은 암공작 앞에 서서 손가락을 튕기며 말했다.

"아주 사랑스러운 소리로 울어주지 않으련? 연인의 마음을 송두리째 앗아가버릴 정도로 울어달란 말이다."

암놈은 아름다운 소리로 울었다.

"때는 왔다."

사냥꾼은 중얼거리며 호숫가 보리수 근처에 몰래 그물을 펼치고 덫을 달아두었다. 사냥꾼은 온갖 꾀를 다

짜내었다.

'황금빛 공작이라도 방심할 때가 있을 것이다. 주문을 외워서 자신을 보호하고는 있겠지만 방심하면 주문을 잊고 말게다. 그때가 기회다. 보리수 가지에서 눈을 떠 산 정상으로 아침예불을 하러 날아갈 때까지의 그 짧은 시간이 유일한 기회이다. 주문을 잊는 그때 사랑하는 암놈의 음성을 들으면 제아무리 대단한 황금 공작이라도 애욕에 눈이 멀어 자신을 돌보지 않게 될 것이다.'

사냥꾼은 이렇게 생각했던 것이다.

'이것은 내게 있어 일생이 걸린 일이다.'

그는 이렇게 속으로 중얼거리면서 덫을 매달았다. 작업이 모두 끝난 다음날 아침이었다. 암놈을 데리고 간 사냥꾼은 그 덫 근처에 몸을 숨기고 인내를 지니고 기다렸다.

그 날 아침은 엷게 구름이 끼고 주변에는 안개가 아른거려 왠지 비감한 기운이 꽉 차 있었다. 동쪽 하늘이 희부예졌다. 태양이 떠오르고 황금빛 공작이 가지에서 눈을 뜨는 시각이었다. 나무 그늘에 몸을 숨기고 있던 사냥꾼은 손가락을 탁 튕겼다.

어깨 위에 앉아있던 암놈이 구성지고 아름답게 울었다. 호숫가의 쓸쓸한 분위기에 그대로 맞아떨어지는 슬픔에 가득찬 소리였다.

사냥꾼은 숨을 들이마셨다. 그 순간 격렬한 날개소리

가 들려왔다.

"오오!"

사냥꾼은 몸을 날렸다. 사냥꾼의 꾀가 적중하였던 것이다. 덫에 걸린 황금빛 공작은 고통스러운 듯 외마디 비명을 질렀다. 공기를 가르며 격렬하게 날개짓하는 소리가 들려왔다. 사냥꾼은 뛰어가 황금빛 공작을 잡았다.

"아아, 고마워라. 이제야말로 잡았구나."

사냥꾼은 황금빛 공작을 바구니에 넣어서 당나귀를 타고 도시로 돌아왔다. 그는 공작을 왕에게 바쳤다.

성 안은 대소동이 일었다. 일곱 번째 왕은 눈을 가늘게 떴다.

"참으로 진귀한 공작이로다. 여느 공작과는 다르다. 소홀하게 다루어서는 절대로 안 된다."

황금빛 공작이 왕에게 말했다.

"어찌하여 나를 잡아들였소?"

"이 나라의 초대 왕이 그대의 살코기는 불로불사의 약이라고 유언을 남겼기 때문이다. 나는 늙고 싶지도 않을 뿐만 아니라 죽기는 더더욱 싫다. 그래서 나는 그대의 고기를 먹고 싶은 것이다."

"그대는 늙지도 죽지도 않을지 모르겠지만 나는 그대신 죽고 만다."

"그렇게 되겠지."

"내 살코기가 어떤 이유에서 그런 영약이란 말인가?"

"그대는 세상에서 찾아보기 힘든 진귀한 황금 공작이다. 숨기려 해도 헛수고지. 그 고기를 먹으면 틀림없이 늙지도 않고 죽지도 않을 것이다."

"내가 황금 공작이 된 것은 불로불사의 약과는 관계가 없다. 그와는 다른 이유가 있는 것이다."

"이유라니?"

왕은 의아한 얼굴로 물었다.

황금빛 공작은 엄숙하게 말했다.

"나는 전생에 전륜성왕이었다."

전륜성왕이라는 것은 무력을 쓰지 않고 오직 정의만으로 전세계를 통치한다고 하는 전설적이고 이상적인 군주를 가리키는 말이다.

그 말을 듣자 왕은 놀랐다.

"전륜성왕이라고 하는 자가 어찌하여 공작으로 태어났다는 말인가?"

"거기에는 이유가 있다. 내가 전륜성왕이었을 때 다섯 가지 계율[1]을 엄수하며 사람들에게도 이것을 지키게 하였다. 그 때문에 죽어서 하늘로 가서 태어난 것이다."

"신들이 사는 하늘 나라 말이지?"

"그렇다. 나는 그 하늘에서 수명을 모두 다한 후에 다음에 태어날 장소에서 죄를 범했다. 그래서 이번에 공작으로 태어난 것이다. 하지만 전륜성왕이었을 때 내가 이른 공덕에 의해 황금빛의 공작이 된 것이다."

"거짓말하고 있는 것은 아닐테지?"

왕은 의심스런 얼굴로 물었다.

"거짓말을 어떻게 하겠는가?"

"살점을 먹히는 것이 두려워 말도 안되는 것을 지껄이고 있음이렷다. 그대가 전륜성왕이었다는 것을 과연 누가 믿겠는가? 그 증거가 어디에 있다는 말인가?"

"증거는 있다."

"호오, 그럼 보여다오."

"나는 전륜성왕이었을 때 보석으로 만든 수레를 타고 하늘을 날아다녔다."

"그 말이 정말인가?"

"믿어다오. 거짓말이 아니다. 내가 타고 하늘을 날아다니던 수레는 연못 바닥에 가라앉아 있을 것이다. 찾아보아도 좋다. 그것이 좋은 증거가 될 터이니…"

"연못이라… 어디에 있는 연못인가?"

"이 성 안에 있는 연못이다. 봄 여름 가을 겨울을 가리지 않고 아름답게 꽃이 피는 연못이 있지 않은가?"

"내 성 안에?"

"그렇다."

그 말을 들어도 왕은 여전히 미심쩍은 얼굴이었다. 그 거짓말을 백일하에 드러내서 뻔뻔한 저 동물의 낯가죽을 벗기자고 생각하며 하인을 불렀다.

"연못에 옥좌를 실은 수레가 빠져있다고 한다. 연못물을 모두 퍼올려 찾아내라."

성 안의 신하들은 총출동하여 연못의 물을 퍼올렸다. 그리고 연못 바닥을 샅샅이 뒤져 마침내 전륜성왕의 옥좌를 실은 수레를 찾아냈다. 오랜 세월 연못 속에 가라앉아 있었건만 꺼내어보니 눈이 부시도록 휘황찬란한 광채가 조금도 줄어들지 않았다.

왕은 그것을 보고 황망히 그곳에 엎드렸다.

"내 어리석어 살코기를 먹으려 했으니 부디 용서해 주소서."

"미처 알지 못하고 한 일이니 책망하지 않으리라."

왕은 수치스러움을 버리지 못하여 머리를 조아린 채로 말하였다.

"이 나라를 당신께 바칩니다. 불민한 놈이옵니다만 저를 하인으로 삼아 주소서!"

황금빛 공작은 미소를 지었다. 그는 성에 머물면서 법을 설하였다. 왕도 신하들도 한 마음으로 공작의 가르침을 받아들였다.

"왕이여! 법을 잊지 마소서!"

며칠 뒤 황금빛 공작은 이런 말을 남기며 하늘 높이 날아 단다카 금산으로 떠나갔다.

부처님은 이렇게 전생이야기를 들려주시고 나서 다시

말씀하셨다.

"비구들이여, 그때의 그 일곱 번째 왕은 지금의 아난다요, 그 황금빛 공작은 바로 나였다."

〈쟈타카 159〉

---

1) 재가신자를 위한 계율로서, 살생하지 말며 남의 것을 훔치지
   않으며, 거짓말하지 않고, 삿된 음욕을 품지 않고, 술을 마시지
   않는다는 가장 기본적인 계목.

16. 네 그릇의 죽

    이 전생이야기는 부처님께서 기원정사에 계실 때 말리왕비에 대해 말씀하신 것이다.

    말리왕비는 사위성에서 꽃다발을 만드는 집에 태어났다. 그녀는 아름다운 용모와 고결한 품성을 지닌 여인이었다. 그녀가 열여섯 살 되던 해 어느 날, 그녀는 다른 처녀들과 함께 화원으로 갈 때 신맛이 강한 죽 세 그릇을 꽃바구니에 넣어가지고 갔다. 성문을 막 나섰을 때 마침 온몸에 찬란하게 빛을 내시며 다가오고 계신 부처님을 뵙고 자신이 먹을 죽 세 그릇을 드렸다. 부처님은 왕에게서 받은 발우를 내밀어 그것을 받으셨다. 그리고 그녀는 부처님 발에 예배하고 부처님께서 선정에 의해 얻으신 기쁨을 얻고 한쪽에 서 있었다. 부처님은 그녀를 보고 빙그레 웃으셨다.

    그러자 존자 아난다는 의아해졌다.

"참, 이상하다. 부처님께서는 까닭없이 웃지 않으신다. 이렇게 여인을 보고 빙그레 웃으실 때는 무슨 이유가 있는 것이 틀림없다."

그리고 부처님께 그 이유를 여쭈었다. 그러자 부처님은 말씀하셨다.

"아난다여, 이 처녀는 이 죽을 내게 공양한 과보로 오늘 코살라 왕의 왕비가 될 것이다."

처녀가 부처님께 인사를 올린 후 화원으로 갔을 때 마침 코살라국 파사익왕은 마갈타국 아사세왕과 싸우다 패하고 돌아왔다. 그는 말을 타고 오다가 그녀의 노랫소리를 듣고 마음이 끌려 말을 화원 쪽으로 몰았다. 미덕을 갖춘 그녀는 왕을 보자 달아나려 하지도 않고 가까이 와서 말고삐를 잡았다. 왕은 더위와 피로에 지쳐 그녀의 시중을 받으며 깊이 잠에 빠졌다. 잠에서 깨어난 왕은 그녀가 아직 결혼하지 않았음을 확인하고서 성으로 그녀를 데리고 가서 왕비로 삼았다.

그녀가 덕을 갖춘 왕비로서 왕을 잘 보필하고 부처님께 지극한 믿음을 지니고 있다는 소문은 널리 퍼져갔다. 그러자 비구들이 법당에 모여 말리부인에 대해 이야기를 나누었다. 그곳으로 부처님께서 다가오셔서 비구들에게 물으셨다.

"비구들이여, 그대들은 지금 무슨 이야기를 나누고 있었는가?"

비구들이 말리부인에 관한 일을 부처님께 여쭙자 부처님은 말씀하셨다.

"비구들이여, 말리부인이 일체를 환히 아는 내게 세 그릇의 죽을 공양함으로써 코살라 왕의 왕비가 된 것은 그리 이상할 것이 없다. 왜냐하면 내 공덕이 위대하기 때문이다. 옛날의 어떤 현자도 벽지불에게 짠맛도 없고 기름기도 없는 죽을 공양하고 그 공덕에 의해 다음 세상에 커다란 왕국의 왕이 되는 영광을 얻었다."

비구들의 청에 의해 부처님은 그 전생이야기를 들려주셨다.

옛날, 바라나시의 어떤 가난한 집에 한 사내아이가 태어났다. 그 아이는 나이가 들자 큰 상점에 취직을 하여 얼마 되지 않는 임금을 받으며 생활하였다.

어느 날 아침, 사내는 가게에서 식초로 맛을 낸 네 그릇의 죽을 받았다. 그리고 그 죽이 든 냄비를 안고 아직 사람들의 통행이 많지 않은 아침의 거리를 걸어 변두리에 있는 집으로 향하였다. 소금기도 기름기도 없이 그저 식초만으로 맛을 낸 죽은 이 남자의 아침식사로서는 최고의 것이었다.

그런데 도시 북쪽 문 가까이 왔을 때였다. 이제 막 열려진 문을 통해서 위의가 엄숙한 네 사람의 수행자가 고요히 발걸음을 옮기며 도시 쪽을 향해서 오는 것이 보였다. 사내는 수행자들이 발우를 들고 있는 것을 보고 생각했다.

'저 수행자들은 지금부터 도시에서 탁발하실 것임에 틀림없어. 잘됐다. 마침 내게 네 그릇의 죽이 있으니 저 수행자들께 공양해야겠다.'

수행자들의 누런 옷은 티끌 하나 없이 아침 해를 받으며 상쾌하게 빛나고 있었다. 하지만 옷자락은 찢어졌고 맨발은 상처투성이여서 아파보였다. 남자는 수행자들에게 다가가 절을 올리고 나서 말하였다.

"수행자들이시여! 저는 여기 식초로 맛을 낸 네 그릇의 죽을 가지고 있습니다. 부디 공양하시기 바랍니다."

수행자들이 고개를 끄덕이자 사내는 길가에 모래를 쌓아올려 자리를 만들었다. 그리고 모래 위에 잎이 달린 나뭇가지를 잘라서 넓게 편 뒤에 수행자들에게 앉으시도록 권하였다. 네 명의 수행자들이 자리에 앉자 타라나무 잎을 앞에 펼쳐서 물을 가져와 붓고 잎 위에 놓인 네 개의 발우에 죽을 가득 부었다. 소금기도 없고 기름기도 없이 그저 신맛뿐인 죽은 입에 들어가는 즉시 녹아버릴 정도였다.

"자, 어서 공양하소서. 아주 담백한 식초 맛이 마음에 드셨으면 합니다. 초라하기 그지없는 아침식사입니다만 제게는 이것이 최고의 음식이랍니다."

수행자들은 죽이 든 발우를 감사의 마음으로 받아들

고 남김없이 먹었다. 그리고 그 가운데 한 수행자가 합장하며 남자에게 말했다.

"아주 잘 먹었습니다. 당신이 공양하신 죽은 우리들에게도 최고의 아침식사였소. 그 답례로 당신이 다음 세상에 아주 높은 신분으로 태어나 행복한 일생을 보낼 것을 약속하리다. 부디 이후로도 베푸는 마음을 잊지 말고 올바른 생활을 하시기 바라오."

다른 세 사람의 수행자들도 그 남자에게 인사를 하였다. 그리고 일어서서 작별을 고한 뒤 하늘 높이 올라 북쪽을 향해서 날아갔다. 이 네 명의 수행자는 히말라야 산 속의 난다물라 동굴에 살면서 엄격한 수행으로 깨달음을 얻은 존귀한 벽지불들이었다.

남자는 벽지불들에게 자신의 죽을 공양올린 것을 평생 잊지 않았다.

이윽고 남자는 죽어서 벽지불의 예언대로 바라나시의 왕가에 왕자로 태어났다. 왕자는 브라흐마닷타라 불리며 태어날 때부터 왕위계승자로 지목되어 길러졌다.

왕자가 일곱 살이 되던 해 봄의 일이었다. 왕궁 뜨락의 보리수 그늘에 앉아서 고요히 생각에 잠겨 있는데 신기하게도 머리 속에 전생의 기억이 떠올랐다. 자신이 가난한 집에 태어났던 일, 그리고 어느 날 아침 네 명의 벽지불에게 식초로 맛을 낸 네 그릇의 죽을 공양올린 일들이 차례로 선명하게 기억나는 것이었다. 그리고 그때의 벽지불의 예언대로 왕가의 왕자로 태어났음을 깨달았다.

왕자는 나이가 들자 탓카시라로 유학을 가서 온갖 학문을 두루 배운 뒤에 바라나시로 돌아왔다. 부왕은 매우 기뻐하며 왕자를 부왕의 지위에 부촉하였다. 그리고 왕이 죽은 뒤 왕자는 왕위에 올랐다.

브라흐마닷타왕은 즉위와 동시에 대신들의 권청으로 코살라국의 아주 아름다운 공주를 왕비로 맞이하였다. 그해 즉위기념일과 결혼식이 겹쳐 도시는 이중의 경사에 들떴으니 그 화려함과 흥겨움은 마치 하늘의 도시와도 같았다.

그날 왕은 행렬을 지어서 도시의 큰길을 행진하였다. 행진을 마친 후 왕은 갖가지 꽃과 황금, 보석으로 치장한 왕궁의 발코니에 올라 하얀 차양 아래 설치된 빛나는 옥좌에 앉았다.

왕은 왕비와 좌우에 늘어선 대신, 바라문, 진상을 하러 온 상인들과 천녀같이 아름답게 장식한 수많은 무용수들을 보고 지금 이런 모든 것이 자신의 수중에 있는 것은 전생에 네 명의 벽지불에게 올린 네 그릇의 죽 덕분이라고 생각하자 온몸이 기쁨으로 가득차게 되었다. 그리고 그 기쁨을 사람들 앞에서 노래하였다.

내가 옥좌에 앉은 것은

네 명의 부처에게 베푼
기름기도 없고 소금기도 없이
그저 식초로만 맛을 낸 죽 때문이네.

내 손에 들어있는 소와 말과 코끼리,
재보와 곡물과 영토,
천녀같은 무용수들
모두들 시디신 죽 때문이네.

왕비를 비롯해 왕의 노래를 듣고 있던 수많은 사람들
은 그 노래의 의미를 파악하지는 못했지만, 이야말로 왕
의 기쁨의 노래라고 생각하여 그날 이후 그 노래를 〈왕
의 기쁨의 노래〉라고 명명하였다. 그리고 성의 모든 사
람들이 이 노래를 즐겨 부르게 되었다.

그로부터 몇 개월이 지난 어느 날, 왕비는 지금은 아
이들까지 따라 부르게 된 그 노래의 의미가 궁금해졌다.
그리하여 왕에게 가서 물었다.
"전하, 저는 전하께 소원이 있습니다."
"왕비여! 나도 이전부터 뭔가 진귀한 선물을 그대에
게 주고 싶었소. 무엇이든 말해보시오."
"정말 고맙습니다."
"바라는 것이 무엇이오? 코끼리요, 아니면 말이요, 그

렇지 않으면 보석?"

"아닙니다. 물건이 아닙니다. 전하의 기쁨의 노래에 담긴 의미를 가르쳐 주셨으면 합니다."

"왕비여! 그런 것을 들어 무엇하게요? 뭔가 다른 것을 바라지 않구요?"

"다른 것은 필요없습니다. 그 노래에 담긴 의미가 무엇보다도 궁금합니다."

왕은 잠시 눈을 감고 생각에 잠겼다가 눈을 뜨고 단호한 어조로 말했다.

"좋소! 하지만 그대에게만 이 노래의 의미를 들려줄 수는 없소. 결혼식날에 내가 노래불렀을 때처럼 왕궁의 발코니에 차양을 내걸고 옥좌를 설치한 후에 대신과 바라문, 상인이나 무용수들을 모두 모아서 그 앞에서 노래의 뜻을 말해주리다."

며칠 후, 왕과 왕비는 발코니에 설치된 하얀 차양 아래, 황금과 보석으로 찬란하게 장식한 옥좌에 나란히 앉았다. 좌우에는 대신과 바라문이, 광장의 자리에는 상인과 수많은 무용수들이 모여서 왕의 이야기를 기다리고 있었다. 왕비는 왕을 향해서 정중하게 절을 한 후에 아름다운 목소리로 노래하였다.

지혜와 용기로 넘쳐나시는 왕이시여!
지금이야말로 당신의

본생경
190

기쁨의 노래에 담긴 의미를
모두에게 가르쳐 주실 때가 아닌가 합니다.

왕은 고개를 끄덕였다. 그리고 물을 끼얹은 양 조용하
게 왕의 이야기를 기다리고 있는 사람들을 물끄러미 내
려다본 뒤에 왕비의 물음에 답하였다. 흘러나오는 왕의
음성은 힘에 넘쳤으며 또한 우아하고 마음 깊이 스며들
어갔다.

전생에도 이 거리에서
나는 살았네.
아주 적은 돈을
땀 흘리며 벌어서 살고 있었네.

어느 날 나는 거리 모퉁이에서
네 명의 수행자를 보았네.
청량한 눈과 얼굴은
드맑은 성자의 바로 그것이었다네.

나는 그분들께 넋을 잃고
나뭇잎을 펼치고 자리를 만들었네.
수행자에게 죽을 공양하면서,
찬란하게 빛나는 수행자에게.

네 그릇의 죽

내 지금의 영광은
그 행위에 기인한다네.
죽을 올린 그 일 때문에
나는 나라와 재산을 얻었다네.

"오오. 정말 훌륭한 보시였군요. 선한 행위에는 반드시 선한 결과가 생기는 것입니다. 전하, 지금부터도 부디 보시를 널리 베푸시기 바랍니다."
왕비는 감탄하여 그렇게 말하면서 노래를 불렀다.

왕이시여, 그대가 전생에
이루셨듯이 이 생에서도
청량한 마음으로 보시를 하시고
법을 널리 펼치소서, 나의 왕이여!

왕도 왕비에 답하여 노래불렀다.

새삼 말할 필요도 없는 일이오.
그대와 함께 걸으리라.
올바른 길을 손을 잡고서,
진실한 행복을 얻기 위하여.

왕이 그렇게 노래하면서 문득 왕비의 얼굴을 보니 뭐

라 말할 수 없는 기품이 서려 있음을 느꼈다. 어쩌면 왕비 또한 전생에 자신과 같은 선행을 한 인연으로 공주로 태어났을지도 모른다고 생각하여 물었다.

하늘의 여인처럼 아름답고
찬란하게 빛나는 그 얼굴은
어쩌면 그대 또한 전생에
뭔가 선행을 쌓았기 때문이리라.
그대도 말해주시오. 전생의 이야기를.

왕비는 왕의 짐작대로 전생을 알고 있었다. 그리고 이처럼 왕에게 답하였다.

그렇습니다, 나의 왕이여!
아득한 옛날, 나는
아무밧타 집안 대저택의
하인이었답니다.
어느 날 내가 먹을 음식을
수행자에게 바친 뒤에
기쁨에 넘쳐난 적이 있었지요.
그 행위로 지금에 이르렀답니다.

왕은 어째서 왕비가 노래의 의미를 알고 싶어했던가

네 그릇의 죽

를 그제서야 이해하였다. 그리고 같은 전생을 가진 왕비가 전보다도 더 사랑스럽게 느껴졌다. 왕과 왕비의 전생에 행한 보시의 이야기가 끝나자 사람들은 모두 자신의 전생을 상기하려는 듯 잠시 숙연해졌다. 이윽고 왕과 왕비의 선행과 그 과보를 찬양하며 왕의 기쁨의 노래를 칭송하면서 축복의 기도를 올린 후에 집으로 돌아갔다.

왕과 왕비는 그 후 도시의 동서남북 사대문과 도심 중앙과 왕궁 성문 앞에 여섯 군데의 보시당을 세우고 온 세상의 모든 사람들에게 보시를 하였다.

그리고 두 사람은 수명이 다하는 날 함께 하늘로 올라갔다고 한다.

부처님은 이렇게 전생이야기를 마치시고 덧붙여 말씀하셨다.

"그때의 그 왕비는 저 라훌라의 어머니요, 그 왕은 곧 나였다."

〈쟈타카 415〉

17. 왕과 뱃사공

이 전생이야기는 부처님께서 기원정사에 계실 때 어떤 뱃사공에 대해 말씀하신 것이다.

사람들은 그 뱃사공을 가리켜 무지하고 우둔한 사내라고 손가락질하였다. 그는 삼보의 공덕도 알지 못할 뿐더러 그밖의 세속적인 공덕도 알지 못하였다. 그리고 잔인하고 냉혹하며 또 난폭하였다.

어느 날 한 비구가 기원정사에 계신 부처님을 뵙고자 이 강을 건너려 하였다. 하지만 뱃사공은 시간이 너무 늦어 건네줄 수 없다고 하였다. 그러나 비구가 간곡히 청하는 바람에 뱃사공은 비구를 배에 태웠다. 하지만 너무나 거칠고 난폭하게 노를 젓는 바람에 배에 탔던 비구는 온몸이 다 젖었으며 정사의 문이 닫힌 뒤에야 겨우 도착할 수 있었다.

이튿날 아침 비구가 부처님께 나아가 절을 하고 한쪽

에 앉자 부처님께서 물으셨다.

"비구여, 오늘 아침에 왔는가?"

비구가 솔직하게 답하였다.

"저는 어제 왔습니다."

"그렇다면 왜 오늘 아침에야 내게 왔는가?"

비구는 뱃사공에 관한 일을 자세하게 말씀드렸다. 이 말을 듣고 부처님은 말씀하셨다.

"비구여, 그가 난폭한 것은 지금만이 아니다. 전생에도 그러하였다. 뿐만 아니라 그에게 괴롭힘을 당한 사람은 그대 뿐만이 아니고 전생에도 그는 현자들을 괴롭혔다."

그리고 나서 전생이야기를 들려주셨다.

옛날, 히말라야 지방에서 덕높은 수행자 한 사람이 수행에 전념하며 살아가고 있었다. 어느 날 소금과 식초가 떨어져서 바라나시로 탁발을 하러 나갔다.

그는 집집마다 탁발하며 돌아다녔다. 마침 그가 왕궁 근처를 지나가고 있을 때 그의 모습이 왕의 눈에 띄었다. 수행자의 모습에는 감히 다른 사람들이 흉내낼 수 없는 위엄이 넘쳐흐르고 있었기에 왕은 한눈에 이 수행자의 높은 덕을 간파하였던 것이다. 국왕은 주저하지 않고 그를 왕궁으로 모셔서 식사를 대접하고 오랫동안 왕궁의 정원에 머무시도록 청하였다.

그날 이후 왕은 수행자로부터 학문을 비롯하여 나라를 다스리는 자가 지켜야 할 도리를 열심히 청해 들었다. 수행자가 특별히 왕에게 강조하며 가르친 것은 분노를 억눌러야만 한다는 내용이었다. 그는 다음과 같은 내용을 노래로 불렀다.

　분노를 억누르시오, 대왕이여!
　분노에 분노로써 대응하지 말 것이며
　분노를 억누른다면 백성은 한결같이
　국왕을 존경할 것이요, 나라는 부강하리라.

　마을에서나 삼림에서나 해변에서라도
　강가에 서있을 때라도 혹은 그 어느 때 어느 곳에서라도
　내가 설하는 것은, 대왕이여!
　분노를 억누르는 것의 중요성이라오.

　수행자는 왕과 함께 12년이라는 세월을 보냈다. 왕은 수행자에게서 많은 훌륭한 가르침을 배운 것을 기뻐하며 그에게 넓은 토지를 바치려고 하였다. 하지만 수행자는 그것을 받아들이지 않았다.
　어느 날 수행자는 생각하였다.
　'나는 충분히 오랜 세월 동안 이곳에 머물렀다. 지금

부터는 이 나라의 이곳저곳을 순례하면서 가르침을 설해야겠다. 그런 뒤에 언제고 다시 왕에게 돌아오면 되리라.'

그는 결심하고서 자신의 순례길을 왕에게 전해주도록 왕궁의 정원사에게 부탁한 뒤에 성을 나섰다. 수행자는 길을 걷고 또 걸었다.

그리고 어느 날 갠지스 강가에 도착하였다. 이 강에는 아발리야피타라고 하는 사공이 살고 있었다.

어리석고 난폭한 행동만을 일삼는 그에게 있어 기품과 덕이 높은 사람 따위란 전혀 안중에도 없고 관심 또한 없었다. 장사하는 법마저도 제대로 깨우치지 못해 매상이 전혀 오르지 않았다. 손님이 오면 그는 먼저 행인을 강 건너로 건네준 뒤에 배삯을 청구하였다. 그러기 때문에 행인 중에는 못된 자들도 있어 돈을 주지 않고 달아나는 경우도 많았다.

"일단 저 건너 강둑에 도착하면 그 다음엔 내 맘대로지 뭐. 어느 얼빠진 녀석이 돈을 주겠냐?"

그렇게 말하며 잽싸게 달아나는 자도 많았고 그리되면 곧 사공과의 싸움이 벌어지는 것이었다. 그리고 대체로 사공은 세차게 얻어맞거나 흉악한 욕을 듣기도 하는 등 경칠 일만 당하고서는 배삯도 제대로 받지 못하고 끝나기 일쑤였다.

한편 수행자는 이 어리석은 사공에게 말했다.

“자, 나를 저편 강언덕까지 실어다 주지 않으려오?”

“예, 물론 그렇게 해드려야지요. 그런데 배삯은 어느 정도나 주시렵니까?”

“나는 그대에게 돈을 벌 수 있는 방법을 가르쳐 주겠네. 게다가 행복하게 매일매일을 지낼 수 있는 비책도 가르쳐 주지.”

사공은 보물이 묻혀 있는 산이라도 가르쳐 주려나보다 생각하고서는 희희낙락 배를 저었다. 건너편 강둑에 도착한 뒤에 그는 배삯을 달라며 손을 내밀었다. 그런데 수행자는 아무 것도 건네주지 않고 그저 다음과 같은 짤막한 노래를 부를 뿐이었다.

출발하기 전에 배삯을
받고서 배를 출발시키렴.
강 이편에 도착해서는
사람의 마음이 변해지니까.

무슨 말을 하려나 하는 기대에 찬 얼굴이었다가 고작 이 말을 듣고만 사공은 당황한 목소리로 말했다.

“설마 그런 기묘한 노래 따위가 배삯이지는 않겠지요? 그 따위 노래 제아무리 많이 들은들 배가 부를 리 없지요.”

“옳거니, 다음에는 좀더 좋은 가르침을 들려주겠네.

이야말로 그대에게 아주 중요한 생활의 지침이 될 것이요, 그대가 행복하게 지낼 수 있는 비책이 될 게야."

수행자는 일찍이 국왕에게 가르쳤던 노래를 불렀다.

분노를 억누르라, 사공이여!
분노는 진리를 보는 눈을 가리우노라.
분노는 온갖 불이익을 가져오나니
분노에서 이겨야 하리라, 사공이여!

그런데 이 노래를 듣고 있던 사공은 마침내 화를 내고 말았다.

"뭐라고? 분노를 억누르라고? 이 사기꾼같은 수행자놈아! 설마 돈을 가지고 있지 않다고 발뺌하려는 것은 아니겠지?"

"아니, 그대의 말과 같다. 나는 돈을 갖고 있지 않다."

수행자의 조용한 대답이 역효과를 낳았는지 사공의 분노는 마침내 폭발하고야 말았다.

"나는 설교 따위나 들으려고 배를 젓지는 않았다. 이거야 참, 화가 나서 견딜 수가 없잖아!"

사공은 수행자에게 달려들더니 가슴이며 얼굴을 후려치기 시작하였다. 마침 사공의 아내가 도시락을 날라왔다. 아내는 이런 광경을 보고 까무라칠 듯 놀라 남편인 사공의 폭력을 막아섰다.

"이 분은 임금께서 극진히 모시고 있던 수행자이십니다. 알기나 하고 이러세요?"

"너까지 나를 바보로 만들 셈이냐? 나는 이 놈을 아무리 때려도 분이 풀리지 않는단 말이야."

분노를 참지 못해 거의 제정신을 잃은 사공은 더이상 자신을 억누를 수가 없어 자신의 아내에게도 매질을 하였다. 애써 싸온 도시락은 땅바닥에 떨어졌고 남편의 매질에 쓰러져 땅에 뒹굴던 아내는 유산하고 말았다. 엄청난 소동이었다.

처량하게 울부짖는 아내의 소리를 듣고서 많은 사람들이 몰려들었다. 사공의 아내가 피투성이가 된 것을 보고서 모두들 소리를 질렀다.

"사람을 죽인다."

"사공은 인간도 아니다."

마침내 사공은 사람들에게 붙들려 왕 앞에까지 끌려갔다. 이 사건을 조사해본 왕은 사공에게 중한 벌을 내렸다. 그런데 이 사건을 보고 있던 사람들 사이에서는 언제부터인가 다음과 같은 노래가 입에서 입으로 전해졌다고 한다.

왕에게 설하면
광대한 토지를 공양받는 가르침일진대
어리석은 자에게는

그 의미도 일깨우지 못한 채
도리어 폭력만을 불러 일으키네.

존귀한 법도 사람에 따라
나름대로 이해되니 고양이에게 금화를 보여 주는 것
처럼
의미도 사라지고
연기되어 꺼져버릴 뿐이네.

부처님께서는 이렇게 전생이야기를 들려주신 뒤에 덧
붙여 말씀하셨다.
"그때의 그 뱃사공은 그대에게 난폭하게 굴었던 지금
의 저 뱃사공이요, 그 왕은 아난다이며, 그 수행자는 바
로 나였다."

〈쟈타카 376〉

18. 시어머니와 며느리

이 전생이야기는 부처님께서 기원정사에 계실 때 어머니를 잘 봉양한 어떤 사람에 대해 말씀하신 것이다.

부처님은 그의 사정을 듣고 나서 이렇게 말씀하셨다.

"우바새여, 그대가 아내의 말을 듣고 어머니를 소홀하게 모신 것은 비단 이번뿐만이 아니다. 전생에는 심지어 어머니를 내쫓은 일까지 있었던 것이다."

그리고 나서 그의 전생이야기를 들려주셨다.

옛날, 바라나시에 마음씨가 온화한 한 청년이 살고 있었다. 그는 부친이 세상을 떠난 뒤로 혼자 남은 어머니를 극진히 봉양하는 효자였다. 목욕을 시켜드리고 손발을 깨끗이 닦아드릴 뿐만 아니라 죽을 끓여서 잡숫게 하는 등 세세한 일상생활에 조금도 불편이 없도록 정성을 다하여 보살펴 드렸다.

어느 날 어머니는 아들에게 고마워하면서 이렇게 말하였다.

"애야, 너는 나를 정말 극진히도 보살펴주는구나. 정말 고맙게 생각하고 있단다. 하지만 너에게도 집안일 외에 해야 할 일이 있지 않겠니? 어서 적당한 규수를 찾아서 장가들도록 하여라. 그러면 며느리가 너를 대신하여 나를 보살펴 줄 것이고 집안일도 대신 해줄 터이지. 너도 마음놓고 차분히 밖의 일을 보라는 말이다."

하지만 아들에게는 결혼할 마음이 전혀 없었다. 지금은 연로한 어머니를 극진히 모신 후에 어머니가 세상을 떠나면 출가하여 수행에 전념하고 싶은 것이 그의 속마음이었다. 아들의 그런 마음에도 아랑곳없이 어머니는 매일같이 결혼할 것을 권하였다. 그리고 결코 결혼하려하지 않는 아들을 설득하다 못해 어머니는 하는 수 없이 자신이 직접 며느리감을 찾아다닌 후에 상대방을 결정하고 말았던 것이다. 아들은 그런 어머니의 뜻을 더이상 거역할 수 없었다.

결혼하고 보니 아내는 제법 마음씨가 고운 여자였다. 남편이 어머니에게 극진한 모습을 보고 자신도 똑같이 시어머니의 시중을 들었다.

그런 아내의 모습을 보고서 남편은 너무나 기뻤다.

"과연 어머니 말씀이 맞구나."

그 이후는 어머니에 관한 모든 일은 아내에게 일임하

고 자신은 그런 만큼 아내를 소중히 여겼다. 먹을 것도 맛난 부분은 남겨두었다가 아내에게 주었다. 그러는 가운데 남편의 마음은 아내 쪽으로 기울어졌으며 심지어는 아내가 없었더라면 어찌 될 뻔하였을까 하는 생각까지 하게 되었다. 아내도 그런 남편의 마음을 감지하고 있었다. 또한 이 집에서의 생활에도 익숙해져 집안일을 척척 해내는 가운데 아주 자신만만해졌던 것이다.

이렇게 되자 며느리는 온갖 잔소리를 늘어놓는 시어머니가 귀찮게 여겨지기 시작했다. 하지만 남편은 돌아오면 변함없이 어머니가 말하는 것은 하나도 거스르지 않고 뭐든 귀담아 들었다.

'대체 저이는 나와 어머니 가운데 어느 쪽을 더 소중하게 여기고 있는 걸까?'

며느리는 그런 생각이 들자 불안해지기 시작하였다. 시어머니의 얼굴을 보는 것만으로도 화가 치밀어올랐다.

어느 날 그녀는 일을 끝내고 돌아오는 남편에게 말하였다.

"어머님께서 저에게 심술을 부리셨어요."

바깥일로 머리가 꽉 차있던 남편은 아무런 대꾸도 하지 않았으며 마음에 담아두지도 않았다. 남편의 마음을 시험해보려던 아내는 자신의 애교를 받아주지 않는 남편의 태도에 몹시 화가 났다.

다음 날 그녀는 바글바글 끓인 죽을 시어머니에게 내

었다.

"좀 뜨거운 것같구나."

시어머니가 그렇게 말하자 그녀는 뾰로통한 얼굴로 부엌으로 가서 찬물을 부었다.

"이 죽은 또 어떻게 된 거냐? 너무 찬데다 맛도 없구나."

시어머니는 죽을 맛보고는 어이가 없다는 듯 말했다.

"아유, 어머니! 아까는 뜨겁다고 말씀하시더니 이번에는 차고 맛없다고 말씀하시는 거예요?"

그녀는 큰소리로 이렇게 말하고 나서 이번에는 소금을 잔뜩 뿌렸다. 시어머니는 그대로 죽을 남긴 채 밥상을 물렸다.

"세상에, 아주 제멋대로군요. 그래, 제가 만들었기 때문에 먹고 싶지 않다는 말씀이신가요?"

적적하게 등을 돌리고 앉은 시어머니를 향해 그녀는 마구 닥달을 하듯 쏘아붙였다.

한편 시어머니가 목욕이라도 하려면 그녀는 펄펄 끓는 뜨거운 물을 부었다.

"앗 뜨거워!"

시어머니가 깜짝 놀라 비명을 지르면 이번에는 찬물을 부었다.

"어째서 너는 내게 이렇게 모질게 구는 게냐? 얼어죽기라도 했으면 좋겠다는 말이냐?"

견디다 못해 시어머니가 큰소리로 역정을 내자 그녀는 주위에서 들을 수 있을 정도로 큰소리로 울음을 터뜨렸다.

"대체 어떻게 하란 말씀이세요? 저는 최선을 다해 열심히 어머니를 모시고 있는데 어머니는 수시로 제 흠만 잡아내어 야단을 치시는군요. 제가 그렇게도 마음에 들지 않으세요?"

이렇게 며느리는 일이 있을 때마다 나이든 시어머니를 욕하면서 주변에는 마치 자신이 호된 시집살이를 하는 것처럼 소문을 뿌리고 다녔다.

이렇게 되자 어머니도 더이상 참을 수 없게 되어 아들에게 사정을 호소하였다. 하지만 아내에게서 매일같이 어머니에 관한 험담만을 들어온 아들은 어느 쪽 말을 믿어야 좋을지 판단을 내릴 수가 없게 되어버렸다. 근처에 사는 사람들의 말을 들어보면 며느리가 가엾다고 하고 자신 또한 아내를 잃고 싶지 않았다. 게다가 어머니도 점점 나이들어가니 노망부리기 시작한 것일지도 모른다는 생각이 들게 되었다.

"상대방은 나이드신 어머니잖소? 그러니 조금만 참아주구려."

그는 아내에게 부탁하였다. 그러자 아내는

"네!"

라고 조신하게 대답하는 것이었다. 하지만 다음 날 또

시어머니를 괴롭히고는 일터에서 돌아온 남편에게 자신이 어머니에게 호되게 당하였다며 눈물로 하소연하는 것이었다.

차츰 남편은 아내의 말을 믿게 되었다. 어머니는 그저 혼자서 한탄하며 지낼 뿐이었다. 며느리의 말만 믿는 아들이 야속하여 아들에게 한 마디 말도 건네지 않게 되었다. 이런 어머니의 태도는 아들로 하여금 더욱 어머니를 향한 신뢰를 없어지게 하는 것이었다.

아주 의기양양해진 며느리는 어느 날 시어머니가 뽑은 백발을 부엌에 흩뿌려놓고 사방에 침을 마구 뱉아놓았다.

돌아온 남편은 이것을 보고 불같이 화를 내었다.

"대체 누가 이렇게 집을 어질러 놓았소?"

며느리는 짐짓 눈을 내리깔고 아무 말도 하지 않았다. 남편은 흰 머리카락을 주웠다.

"이걸 보면 알 수 있지. 당신은 어머니가 연로하셔서 그렇다고 늘 감싸왔소. 하지만 오늘은 그냥 내버려둘 수가 없소."

남편은 그렇게 말하더니 노모를 집에서 쫓아내버리고 말았다. 아내는 짐짓 말리는 시늉을 하였지만 마음 속으로는 그토록 원하던 일이라며 한없이 좋아하였다.

집에서 쫓겨난 노모는 알고 지내던 집을 찾아가서 자신을 기거하게 해줄 것을 청하고 자질구레한 집안일을 도우면서 지냈다. 고통의 나날이 계속되었지만 언제고 아들이 일의 진상을 환히 깨달을 날이 오기만을 기다리며 참고 지내었던 것이다.

그리고 나서 얼마 지나지 않아 며느리는 임신을 하였다.

"자, 보세요. 어머니가 계시는 동안에는 아이도 생기지 않더니 나가시고 나니 이렇게 아이를 갖게 되었잖아요!"

며느리는 남편과 동네 사람들에게 이렇게 말을 하고 다녔다. 그 이야기는 노모의 귀에도 들어갔다. 이윽고 며느리는 사내아이를 낳았다.

손자가 태어났다는 말을 전해들은 노모의 마음은 오래간만에 들떴다. 그리고 딱 한 번만이라도 손자의 얼굴을 보고 싶은 마음에 집까지 갔지만 푸대접만 받은 채 얼굴도 못 보고 돌아올 수밖에 없었다. 노모는 절망에 사로잡혔다.

'아들 며느리와 함께 첫 손자를 축복해주고 싶었는데 이렇게 되고 말다니. 나쁜 짓하지 않은 나는 가혹한 운명에 처하고 나쁜 짓을 일삼은 자는 잘살고 있구나. 올바르지 않은 것이 통하는 세상이 되고 말았어. 저 며느리와의 사이에 아이가 태어나면 내 아들은 조금이라도 어미인 나를 생각해줄 줄 알았는데…'

노모는 희망을 완전히 상실한 채 터벅터벅 계속 걷다

가 마을에서 멀리 떨어진 묘지에 다다랐다. 그곳에는 처참한 시체들만이 뒹굴고 있었다.

노모는 그것을 보고 생각하였다.

'바른 것이 통하지 않은 세상이다만 그래도 나만큼은 바른 일을 해야겠다. 바람에 삭아진 이 시체들을 극진히 공양해야지.'

노모는 물가로 가서 정갈하게 몸을 씻고 부패할 대로 부패한 시체들의 해골을 가마로 만든 뒤에 가지고 있던 쌀과 참깨로 밥을 짓기 시작하였다.

그런 행동을 제석천이 보고 있었다. 제석천은 대체 무슨 까닭으로 나이먹은 여인이 혼자 공동묘지에서 저런 일을 하고 있는가 의아하게 생각하여 인간세상을 두루 살펴보고서 모든 사정을 환히 깨달았다.

그리하여 제석천은 나그네로 모습을 바꾸어 묘지로 내려왔다.

"이런 묘지에서 무엇을 하고 계시지요? 여기에 버려진 시체의 친척이라도 되는 건가요?"

나그네 차림의 제석천이 노모에게 물었다.

"아닙니다. 이 시체는 전혀 알지 못하는 사람의 것이랍니다. 요사이는 바른 도리가 통하지 않고 하늘의 신마저도 사악한 행위들을 그대로 묵과해버리고 있습니다만 버려진 시체를 공양하는 자가 한 사람 정도는 있어도 좋을 법해서요."

시어머니와 며느리

210

노모는 답하였다.

"올바른 도리가 통하지 않는다? 하늘의 신들이 사악한 짓을 그대로 내버려두고 있다? 대체 누가 그런 말을 하였습니까?"

제석천은 다시 물었다. 노모는 그것은 자신의 경험에서 느낀 것이라고 답하고서 지금까지의 일들을 모두 이야기해주었다. 그러자 제석천은 정체를 드러내어 자신을 밝혔다.

"알았소. 그런 일이라면 이 제석천이 용서할 수 없지. 사악한 놈들에 대해 하늘의 힘이 얼마나 위대한지 보여주어야겠소. 지금 당장이라도 그 며느리와 아이를 함께 불에 태워 죽이겠소."

제석천은 하늘로 날아오르려 하였다. 노모는 깜짝 놀라서 외쳤다.

"안 됩니다. 당치도 않습니다. 손자까지 죽이겠다니요. 며느리도 혹독하게 다루어서는 안 됩니다. 나는 그저 온 가족이 사이좋게 지내었으면 하는 것뿐이랍니다."

그렇게 말하면서 제석천에게 자꾸 절을 하는 것이었다. 제석천은 잠시 생각해보더니 미소지으며 말하였다.

"알았소. 그 소원을 들어주리다. 이제 곧 아들과 며느리가 당신을 만나러 올 것이오. 이제부터는 모두들 각기 해야 할 의무와 도리를 잊지 않고 살아가게 될 것이오."

이런 말을 남기고서 제석천은 하늘 높이 사라져 갔다.

한편 아들 부부는 느닷없이 숨이 끊어질듯 울어대는 갓난아이 때문에 어찌할 바를 모르고 난감해 있었다. 이것도 제석천의 불가사의한 힘에 의한 것이었다. 근처 사람이 안타깝다는 듯 말하였다.

"자네 어머니는 그야말로 어린아이를 잘 다루는 분이셨다네."

이 말을 듣고 아들 부부는 어머니를 기억해내었다. 왠지 지금까지 해 온 일들이 마음에 무겁게 걸렸다. 며느리도 마음이 불안해져서 남편에게 모든 것을 털어놓고 용서를 구하였다.

두 사람은 황망히 노모를 찾으러 나섰다. 사람들에게 물어물어 간신히 묘지에서 어머니를 찾아내었다. 그리고 지금까지 자신들이 저질러 온 일들을 부끄럽게 생각하며 진심으로 용서를 구하였다. 어머니도 두 사람을 용서하고 집으로 돌아갔다. 한없이 보채던 아이도 할머니의 품에 안기자 금새 울음을 멈추고 방싯 웃었다. 그리고 그 후로 보채는 일도 없이 건강하게 자라났다. 며느리도 두 번 다시 시어머니를 매도하는 일 없이 가족 모두 사이좋게 잘 지내었다고 한다.

부처님께서 이 전생이야기를 마치신 후에 다시 네 가지 성스러운 진리를 설하시니 그 우바새는 그 자리에서 예류과를 얻었다. 부처님께서는 우바새가 진리에 눈을

시어머니와 며느리

뜬 것을 아시고 덧붙여 이렇게 말씀하셨다.

"그때 그 어머니를 잘 돌본 사람은 바로 그대요, 처음에는 시어머니를 내쫓았다가 마음을 고쳐먹은 여인은 바로 지금 그대의 아내며, 그 제석천은 바로 나였다."

〈쟈타카 417〉

19. 오백 번째의 참수(斬首)

　　이 전생이야기는 부처님께서 기원정사에 계실 때 '죽은 사람에게 바치는 공양물'에 대해 말씀하신 것이다.

　　그때 사람들은 많은 산양과 기르는 양들을 죽여서 죽은 친척들을 위해 제사를 올렸다. 비구들은 그런 광경을 보고 부처님께 여쭈었다.

　　"세존이시여, 사람들은 많은 중생들의 목숨을 빼앗아서 제사에 공양물로 바치고 있습니다. 거기에 어떤 공덕이 있습니까?"

　　그러자 부처님은 말씀하셨다.

　　"죽은 이에게 공양한다는 명목으로 수없이 많은 희생양을 바치지만 거기에는 아무런 공덕도 없다. 옛날 현자들은 허공에 앉아 살생의 죄에 대해 설법하였다. 그리하여 전세계 사람들로 하여금 그 업을 버리게 하였는데 지금 또 과거의 일이 다시 나타났다."

그리고 나서 전생이야기를 들려주셨다.

옛날, 바라나시에 한 바라문이 살고 있었다. 이 바라문은 바라문교 성전에 통달하여 있었기에 그를 사모하여 각지에서 온 젊은이들이 성전을 배우고 있었다.

어느 날, 바라문은 제자들에게 명하여 제사를 지내려하니 양 한 마리를 잡으라고 하였다. 그리고 제자들에게 말하였다.

"이 양을 강으로 끌고 가서 목욕시켜라. 그리고 목에는 꽃목걸이를 걸고 밥을 먹인 후에 다시 이리로 끌고 오너라."

제자들은 얼른 강으로 양을 끌고 갔다.

제자들이 양의 몸에 물을 부어서 목욕시키고 있는데 갑자기 양이 큰소리로 웃는 것이 아닌가!

"하하하, 오늘은 정말 기분좋은 날이다. 아, 고마워라. 정말 고마워."

그러더니 또 느닷없이 얼굴을 찌푸리고 눈물을 흘리는 것이었다.

"오오, 비참하도다. 이렇게 슬플 수가 있으랴!"

이런 양의 모습을 본 제자들이 의아하게 생각하여 물었다.

"이봐, 대체 무슨 소릴 하는겐가? 조금전에는 기분좋아서 껄껄 웃는 것 같더니만 지금은 또 이렇게 울어대고 있으니 말이야?"

"그 연유라면 당신들 스승 앞에 가서 말해주리다. 여기에서는 말할 수 없습니다."

"참 이상한 양도 다 있네!"

제자들은 저마다 그렇게 말하면서 양을 스승에게로 끌고 갔다.

"너는 어째서 웃고 난 뒤에 다시 눈물을 흘렸느냐?"

양은 잠시 눈을 감더니 이윽고 조용히 입을 열었다.

"실은 나도 전생에는 바라문이었습니다. 어느 날 제사를 지내려고 양 한 마리를 죽여서 공양하였지요. 그런데 나는 그 행위로 인해 499차례나 거듭 태어날 때마다 목이 베여 살해당했답니다. 이번이 그렇게 다시 태어난 지 5백 번째가 된 때입니다. 이번에 다시 한 번 참수당하면 가까스로 전생의 그 살생의 죄값을 다하게 되는 것이랍니다. 그것이 즐거워서 웃었던 것이지요. 그러고 나서 다시 내가 운 것은 나는 오늘로서 죽으면 그 죄값을 모두 받아 끝나지만 나를 죽이는 당신은 이제부터 오백 생 동안 나와 똑같이 목이 잘리는 고통에 울부짖어야만 하기 때문입니다. 그것을 생각하니 당신이 너무나 가여워 울었던 것이랍니다."

그 말을 듣고 있던 바라문은 조용한 어조로 말하였다.

"양이여! 아주 좋은 이야기를 들려 주었구나. 나는 그대를 죽이지 않겠다. 부디 나의 잘못을 용서해다오."

본생경
216

"안 됩니다. 그래서는 안 됩니다. 나는 당신의 손에 죽지 않아도 어차피 죽음을 면할 수 없답니다."

"괜찮다. 그대의 목숨은 내가 지켜주겠다. 자, 나와 함께 네가 지내던 곳으로 돌아가자."

"호의는 매우 고맙습니다만 내가 저지른 죄는 너무나 커서 당신의 힘으로는 어찌할 수가 없답니다."

바라문은 수많은 제자들과 함께 양을 에워싸고 양이 살고 있던 숲까지 걸어갔다. 잠깐 사이에 숲에 도착하여 양은 바라문들과 작별의 인사를 나누었다. 그리고 두어 걸음 떼었을 때였다. 하늘에서 번개가 치는가 싶더니 엄청난 굉음을 내며 벼락이 인근 바위 위에 떨어지는 것이었다. 바위는 산산조각나서 사방으로 튀어 양의 목을 내리쳤다. 그리고 단 한순간에 양의 목은 잘라지고 말았던 것이다.

그때 근처의 한 나무에는 신이 살고 있었다. 그는 많은 사람들이 모여 이같은 비참한 일을 목격한 것을 보고서 신통력으로 허공에 단정히 앉아 생각하였다.

'이 사람들은 이런 악업의 과보를 보았으니 이제 두 번 다시 살생하지는 않으리라.'

그리고 나서 감로와 같은 음성으로 법을 설하면서 노래하였다.

이 삶은 고통이라고

오백 번째의 참수
217

이렇게 깨달은 중생은
살아있는 목숨을 빼앗아서는 안 되나니
살생하는 사람은 반드시 모진 슬픔을 겪게 되리라.

이리하여 나무신은 지옥에 떨어지는 두려움을 일러주어 그들에게 죄과의 엄격함을 깨닫게 하였다. 사람들은 이같은 나무신의 설법을 듣고 나서 살생을 금하게 되었다. 나무신은 거듭 법을 설하면서 그들에게 계율을 주어 지니도록 한 뒤에 그 업보를 따라 이 세상을 떠났다. 그 자리에 모인 바라문과 제자들은 보살인 나무신의 가르침을 지켜 보시 등의 선한 일을 많이 쌓은 뒤에 천상 세계에 태어났다.

부처님은 이어서 말씀하셨다.
"그때의 그 나무신은 바로 나였다."

〈쟈타카 18〉

본생경
218

20. 앵무새의 숲

이 전생이야기는 부처님께서 기원정사에 계실 때 한
비구에 대해 말씀하신 것이다.

그 비구는 부처님께 법을 듣고서 한 장소에 가서 참
선을 하며 지냈다. 그곳은 신앙심이 두터운 마을에서 그
리 멀리 떨어지지 않은 곳에 있었다. 마을 사람들은 비
구의 수행에 크게 감동을 받아 수시로 먹을 것과 입을
것 등을 보시하며 지내었다.

그런데 어느 날 그 마을에 큰불이 나서 마을이 모두
타버렸다. 사람들은 더이상 그에게 공양물을 바칠 수 없
게 되었다. 그러자 그 비구는 수행처가 아주 훌륭한 곳
이었음에도 불구하고 고통을 느껴 그곳을 떠나게 되었
다.

어느 날 비구는 부처님께 나아가 절을 하고 한곳에
앉았다. 부처님께서 물으셨다.

"그대는 아마 음식을 얻는데는 어려움을 겪었을지 몰라도 그곳은 훌륭한 수행처였으니 지금껏 잘 머물고 있었으리라 생각한다."

그러자 그는 사실대로 고하였다. 비구의 말을 듣고서 부처님께서 이르셨다.

"비구여, 사문은 거처만 좋으면 모든 욕망을 버리고 무엇이나 얻은 음식에 만족하면서 사문의 생을 닦아야 한다. 옛날의 어떤 현인은 짐승으로 태어났을 때 그가 사는 마른 나무에서 나무의 가루를 먹으면서도 욕망에 사로잡히지 않고 만족하였으며 우정을 버리고 다른 곳으로 가지도 않았다. 그런데 그대는 맛난 음식을 구할 수 없다는 이유로 훌륭한 수행처를 버렸단 말인가?"

비구는 부처님의 말씀을 듣고 전생이야기를 청하였다. 부처님은 그에게 이렇게 들려주셨다.

히말라야에서 흘러나오는 갠지스강이 커다랗게 원을 그리며 굽이치고 있었다. 그 강언덕 한켠에 우담바라[1]숲이 있었다. 여름이 되면 우담바라의 붉은 열매가 가지에 가득 영글어 멀리서 보면 마치 숲 전체가 붉게 타오르는 것처럼 보일 정도였다.

그 숲에는 수천 마리의 앵무새가 살고 있었다. 앵무새의 왕은 아직 젊었지만 욕심이 없는 새였다.

우담바라 열매가 익어갈 때도 필요한 분량만큼만 먹

고 그 이상은 손대지 않았다. 열매가 없어지면 나무가 말라죽지 않을 정도로 나무의 씨앗이나 잎을 씹어먹고 갠지스강의 물을 마시며 만족하였다. 결코 다른 곳으로 옮겨가지는 않았던 것이다.

이런 앵무새를 지켜본 제석천은 감동하였다.

'대체 새라는 짐승은 먹을 것이 없어지는 계절이 되면 먹을 것을 구하러 다른 땅으로 옮겨가기 마련인데 저 새는 참으로 욕심이 없는 새로구나.'

그래서 제석천은 앵무새왕을 시험해보려고 신통력을 부려서 우담바라나무를 모조리 말라죽게 하였다. 나뭇가지가 떨어지고 줄기는 바람이 드나들 정도로 구멍이 숭숭 나고 말았다. 땅에는 나무가 가루처럼 바스라져 산을 이루었다.

하지만 앵무새들은 그래도 이 숲을 떠나지 않았다. 그들은 나무의 가루를 먹고 갠지스 강물로 허기를 달래었다. 제석천은 그런 모습을 보자 백조로 모습을 바꾸어서 우담바라 숲에 내려앉았다. 그리고 앵무새왕을 찾아서 말을 걸었다.

"가지가 휘어질 정도로 열매가 영글었을 때 새들은 무리지어 찾아와서 그 열매를 먹는다. 하지만 나무가 말라 더이상 열매를 맺지 않을 때면 그곳을 떠나가버리는 법이다. 추위에 강한 우리들조차도 꽁꽁 얼어붙는 강추위에는 이 강가를 떠난다. 새란 본래 그런 것이다. 그런데 그대들은 어찌하여 떠나지 않는 것인가? 그 이유를 가르쳐 다오."

"그것은 이 나무에 대한 감사의 마음이 있기 때문이다. 우리들은 오늘날까지 이 나무에 의해 연명해 왔다. 어느 때는 과일과 잎을 먹고 어떤 때는 가지에 앉아 쉬며 이 나무와 이야기 나누며 나날을 보내었다. 이 나무는 우리들의 벗이며 피를 나눈 친구라고도 할 수 있다. 진실한 친구란 생사고락을 함께 하는 법이다. 나무가 말라죽었다고 해서 어찌 이 숲을 떠나가라는 말인가?"

백조는 앵무새왕의 말에 감동하여 이렇게 말했다.

"참으로 두터운 우정이로구나. 나는 지금 우정이라는 것이 얼마나 훌륭한 것인지를 잘 배웠다. 정말 고맙다. 그 답례로 뭔가 선물을 주고 싶은데 원하는 것이 있으면 무엇이든지 말해 보아라."

"만약 우리들에게 선물을 주려한다면 이 나무를 다시 살아나게 하여 다오. 그 이상은 바라는 것이 하나도 없다."

"오오, 물론 그렇게 해주겠다. 나무를 살려보도록 하지."

백조는 그렇게 말하자마자 제석천의 모습으로 돌아와서 갠지스강에서 길어온 물을 우담바라 나무들에게 뿌렸다. 그러자 신기하게도 말라버린 나무는 금새 생기를 되찾았으며 순식간에 가지가 뻗어가더니 잎이 무성해지고 붉은 과일이 주렁주렁 매달리는 것이었다.

이것을 본 앵무새왕은 두 눈을 반짝이며 말했다.

"정말 고맙습니다. 정말 고맙습니다. 이제 우리의 숲이 돌아왔습니다."

앵무새들이 기뻐하는 모습을 보며 제석천은 조용히 말하였다.

"목숨이 있는 자라면 모두 이같이 앵무새의 마음을 닮아야 하리라."

그리고 그대로 하늘로 돌아갔다.

부처님의 이같은 전생이야기를 들은 비구는 서둘러 그 수행처로 다시 돌아갔다. 그리하여 그는 그곳에서 아라한과를 얻었다. 부처님은 이렇게 말씀하시고 나서 덧붙여 이르셨다.

"그때의 그 제석천은 저 아나율이요, 그 앵무새왕은 바로 나였다."

〈쟈타카 429〉

1) 부처나 전륜성왕이 이 세상에 출현하실 때 꽃을 피운다고 전해지는 상상의 식물.

21. 새끼 돼지의 설법

이 전생이야기는 부처님께서 기원정사에 계실 때 죽음을 두려워하던 어떤 비구에 대해 말씀하신 것이다.

그는 사위성의 아주 부유한 집에 태어나 출가하였는데 죽음을 매우 두려워하였다. 심지어는 나뭇가지가 조금 흔들리거나 짐승의 울음 소리가 들리기만 해도 죽음의 소리라고 생각하고 달아나곤 하였다. 그런 비구에게 부처님은 말씀하셨다.

"그대는 죽음을 두려워하고 있다는데 사실인가?"

"그렇습니다. 세존이시여, 저는 죽음이 몹시 두렵습니다."

그러자 부처님께서 말씀하셨다.

"비구여, 그대가 죽음을 두려워하는 것은 지금 뿐만이 아니다. 전생에도 그대는 그러하였다."

이어서 전생이야기를 들려주셨다.

옛날, 바라나시에 가까운 어느 작은 마을에 노파가 한 사람 살고 있었다.

목화가 익을 무렵 노파는 매일 목화밭에 나가서 목화를 따고 저녁이 되면 목화가 가득 담긴 광주리를 짊어지고 지팡이에 몸을 의지하며 집으로 돌아오는 것이었다.

어느 날, 평상시와 같이 밭에서 돌아오는 도중에 길가의 풀숲에 귀여운 새끼 돼지 두 마리가 나란히 앉아있는 것을 발견하였다. 어미 돼지는 노파의 발소리를 듣고서 놀라 도망치고 만듯 어린 새끼들만 오도카니 앉아있었다. 노파는 새끼 돼지를 주워 집으로 데리고 왔다. 그리고 마치 친자식처럼 정성스레 길렀다. 형은 마하툰딜라, 동생은 츌라툰딜라라 이름지었다.

노파는 가난하였기 때문에 마을 사람들은 수시로 찾아와서 이렇게 말하곤 하였다.

"할멈, 그 돼지를 팔아버리지 그러시오? 꽤 살이 올랐으니 값을 잘 받을 것이오."

그때마다 노파는 강경하게 고개를 저었다.

"이놈들은 내 귀여운 자식이나 진배없다오. 내가 자식을 돈하고 바꾸겠소?"

마을에 축제가 시작되었다. 수많은 노름꾼들이 몰려들어 술을 퍼마시고 고기를 뜯었다. 마을은 온통 어수선한 축제의 도가니였다. 그러는 가운데 고기가 다 떨어지고 말았다.

"어이, 좀더 맛있는 고기를 얻을 수 없을까?"

"저 노파의 집에 살찐 돼지가 있다고 하던걸!"

"그럼 그 돼지를 사와야겠구나."

그들은 술에 취해 비틀거리며 큰소리로 노래를 부르면서 노파의 집을 향했다.

물론 노파는 돼지를 팔지 않겠다고 거절하였다.

"이봐요, 할멈. 당신이 아무리 그래도 돼지는 사람의 새끼가 아니지 않소? 팔아버리면 좀 좋을까?"

그들은 단념하지 않고 끈질기게 노파를 졸라댔다. 끝내는 노파에게 술을 먹여서 노파를 취하게 만든 뒤에 계속 졸랐다.

"자아, 할멈! 돼지를 그렇게 소중히 여긴들 무슨 이득이 있겠소? 이 돈을 받고 좋은 물건들을 사서 쓰지 그러오?"

그렇게 말하며 노파의 손에 돈을 쥐어주었다. 술이 취해 머리가 어지러워진 노파는 하는 수 없이 동생인 츌라툰딜라를 팔기로 하였다.

"자, 여러분! 마하툰딜라는 팔 수 없습니다. 츌라툰딜라만 데리고 가시오."

노파는 그렇게 말하고 츌라툰딜라를 찾으러 문 밖으로 나갔다. 노름꾼들은 츌라툰딜라를 유인해내기 위해 그릇에 먹이를 준비해 놓고 손에 노끈을 들고 기다리고 있었다.

"츌라툰딜라야! 착하지? 츌라툰딜라야! 밥 먹어야지!"

노파는 목소리를 높여 츌라툰딜라를 불렀다.

가까운 덤불 속에서 이 목소리를 듣고 있던 마하툰딜라는 평소와는 다른 노파의 태도를 보고 생각했다.

'웬일일까? 우리들 신상에 무서운 일이 닥치고 있음에 틀림없다. 우리들의 어머니는 평소 결코 츌라툰딜라를 먼저 부른 적이 없었는데…'

노파는 언제나 먼저 형의 이름을 부르고 난 뒤에 동생을 부르곤 하였던 것이다.

자기 이름을 부르는 소리를 들은 츌라툰딜라는 슬그머니 덤불 속에서 문 주변을 살펴보았다. 그러자 일찍이 본 적이 없는 수많은 남자들이 먹이를 수북하게 담은 그릇 주변에서 노끈을 들고 서있는 것이 눈에 띄였다.

자신을 죽이려 한다는 것을 눈치챈 츌라툰딜라는 벌벌 떨면서 형에게로 가서 하소연하였다.

"형, 나는 이제 죽게 되었어. 그릇에 밥이 수북하게 담겨 있고 그 주변에는 노끈을 든 남자들이 많이 서있거든. 아무래도 먹으러 갈 용기가 나지 않아. 형, 나는 무서워 죽겠어."

마하툰딜라는 동생을 위로하며 아름다운 목소리로 노래를 들려주었다.

새끼 돼지의 설법

숨을 곳을 찾으려고
그렇게 떨고 있니, 동생아!
의지할 곳도 없는데 어디로 가려 하니?
어차피 우리가 먹는 먹이는
우리를 살찌우기 위한 것이었다.
이제 당황하거나 괴로워하지 말고
업을 따라 먹이를 먹으렴.

맑은 물이 넘실대는 연못으로 가서
말끔히 몸을 씻으렴.
땀과 때를 씻어내면 영원토록
한량없는 향수를 얻게 되리라.

마하툰딜라의 목소리는 아름답고 낭랑하였다. 그것은
조용한 저녁에 울려퍼지는 종소리와도 같이 마을에 울
렸으며 바라나시에까지 울려퍼졌다.

"내 동생 츌라툰딜라야! 자신에 대해서 이익이 되는
자에게나 해로움을 끼치는 자에게나 언제나 한결같은
마음을 지녀야만 한다. 마치 저 강물이 악인에게도 선량
한 사람에게도 동등한 것처럼 말이다."

마하툰딜라는 계속 가르침을 설하였다.

그것은 마음이 씻겨나가는 듯한 목소리였다. 사람들
은 너도나도 집 밖으로 나와서 그 소리에 귀기울였다.

성 안에 사는 왕의 신하들도 마하툰딜라가 가르침을 설하고 있는 덤불 주변으로 다가와서 그 땅을 평평하게 고른 뒤에 흰 모래를 뿌려 존경심을 표하였다.

노름꾼들의 취기는 완전히 사라지고 말았다. 모두들 노끈을 버리고 그 가르침을 듣기 위해 서있었다. 노파의 취기도 완전히 깨어 츌라툰딜라를 팔려고 했던 마음도 사라지고 말았다.

오직 죽음에 임한 츌라툰딜라만이 그 공포에서 헤어나지 못하고 떨고 있었다. 그리고 형의 가르침의 뜻을 잘 이해하지 못하여 이렇게 물었다.

마하툰딜라, 오, 소중한 형이여!
내게 가르쳐주오, 그 의미를.
맑은 물이 넘실대는 연못의 의미를.
땀과 때란 무엇인지를.
한량없는 향수란 무엇인지를.

"츌라툰딜라야, 잘 들어보렴!"
모여든 군중의 한가운데 서서 마하툰딜라는 다시 가르침을 설하기 시작하였다.

진리가 바로 맑은 연못의 물이요,
더러운 때와 땀은 죄를 말한단다.

새끼 돼지의 설법

좋은 향수란 다름 아닌
계율을 지키는 일을 의미하나니
그 향기는 한량없으리.

몸을 버리고서야 사람들은
참다운 기쁨을 얻을 수 있도다.
몸을 버리지 못하는 사람들은
참다운 기쁨을 얻지 못하네.
밤하늘에 휘영청 솟은 보름달은
천지를 맑고 환하게 비추어주나니
온 정성을 들여 죽음에 임하는
그런 사람만이 진정한 기쁨을 얻으리.

형의 노래가 끝나자 잠잠해있던 사람들이 박수갈채를
보내었다. 더러는 손을 흔들며 감격을 표시하기도 하였
다. 하늘 높이 사람들의 환호성이 울려퍼졌다.
국왕도 재빨리 이 마을로 왔다. 그리고 공손히 마하툰
딜라에게 절을 하고서 도시로 함께 가주기를 청하였다.
왕은 그들을 존경하여 높은 벼슬을 주고 그 가르침을
기쁘게 받았다. 마하툰딜라는 그 나라의 모든 사람들에
게도 가르침을 설하였다. 그날 이후 이 나라에서는 삿된
행위를 하는 자가 사라지게 되었다.

부처님께서 이와같이 전생이야기를 들려주시자 그 비구는 그 자리에서 예류과를 얻었다.

이어서 부처님은 말씀하셨다.

"그때의 그 국왕은 저 아난다요, 그 츌라툰딜라는 죽음을 두려워하는 바로 그대요, 모여있던 사람들은 지금의 내 권속들이요, 마하툰딜라는 바로 나였다."

〈쟈타카 388〉

22. 고운 소리, 거슬리는 소리

이 전생이야기는 부처님께서 기원정사에 계실 때 아나타핀디카 장자의 며느리인 수쟈타에 대해 말씀하신 것이다.

그녀는 비록 시집을 왔지만 자신이 높은 태생임을 자만하여 겸손할 줄 모르고 살림살이를 돌보지 않으며 툭하면 큰소리로 하녀들을 욕하기만 하였다. 부처님은 수쟈타를 타일렀다. 수쟈타는 부처님의 단 한 번의 타이름으로 정숙한 아내가 되었으며 진리에 눈을 떠 예류과를 얻었다.

부처님께서 수쟈타를 가르친 뒤에 정사로 돌아오셨다. 그리고 비구들에게 말씀하셨다.

"비구들이여, 수쟈타가 단 한 번의 내 가르침에 의해 예류과를 얻은 것은 지금 뿐만이 아니다. 전생에도 그녀는 그런 일이 있었다."

이어서 전생이야기를 말씀하셨다.

옛날, 바라나시에 총명한 왕이 살고 있었다. 평화롭게 나라를 다스리고 있던 왕에게는 무엇하나 생각대로 이루어지지 않는 일이 없었다. 하지만 그런 그에게도 단하나의 고민이 있었으니 그것은 왕의 모친이 너무나 성미가 급하고 드세며 거친 성품을 지니고 있는 것이었다.

왕의 모친은 아침부터 저녁까지 신하들을 호통쳤다. 눈을 치켜 뜨고 고함을 질러대고 있는 얼굴은 아들인 왕이 보아도 정떨어지는 것이었다. 왕은 매일같이 어떻게 해서든 어머니의 저 거친 성격을 고쳐야겠다고 생각하였다. 하지만 뾰족한 방법이 떠오르지 않았다.

어느 날 왕은 어머니와 함께 신하들을 거느리고 넓은 정원을 산책하고 있었다.

"켁켁켁켁, 케엑켁!"

느닷없이 귀가 찢어질 듯한 불쾌한 새울음소리가 무성한 나무 사이에서 들려왔다.

"거 정말 듣기 고약한 새소리군!"

그 소리를 들은 신하들은 저마다 비명을 지르며 귀를 막았다.

"정말 끔찍한 소리로군. 대체 저 새는 무슨 새인고?"

평소같으면 왕의 모친은 경솔하게 소리를 질러대는 신하들을 그 자리에서 호되게 호통을 쳤을 것임에 틀림

고운 소리, 거슬리는 소리

없지만 역시 깜짝 놀랐던지 눈을 깜빡이며 왕에게 새의 이름을 묻는 것이었다. 왕은 답하였다.

"어, 저 새… 그러니까 저 새의 이름은 키킨이라 하지요."

"호오, 별 이상한 이름의 새도 다 있군."

그리고 나서 조금 걸어가다 꽃이 무성하게 피어있는 사라나무 가지에 한 마리 새가 앉아 있는데 아름다운 소리로 우짖고 있었다.

신하들은 경쾌하면서도 방울을 울리는 듯한 새소리에 귀를 기울였다.

"어쩌면 저리도 우아하고 아름다운 소리가 다 있을까? 내 가슴에 촉촉하게 스며드는 것같아. 저건 코킬라새가 분명해. 언제까지나 울어다오, 코킬라새여!"

신하들은 사라나무 곁에서 좀처럼 움직이려 하지 않았다.

왕의 모친도 평소에는 거의 볼 수 없었던 평온하고 우아한 얼굴로 그 새소리를 듣고 있었다.

왕은 그런 모습을 보고 생각에 잠겼다.

"그렇다! 귀에 거슬리는 키킨새의 울음소리와 고운 코킬라새의 울음소리, 이 두 마리 새의 소리를 예로 들면 어머니의 그 거친 성품을 고쳐드릴 수도 있을 것이다."

그렇게 생각하고서 왕은 노래를 불렀다.

더할 수 없이 아름다운 여인이라 해도
옥구슬 구르는 듯한 고운 소리를 지녔다 해도
말씨가 거칠 때
새이건 사람이건 마찬가지로
주변에서 소외당하네.

지금 본 코킬라새
색은 검고 반점이 박힌
보기 흉한 모습이라도
우아한 목소리로
수많은 사람들의 사랑을 받고 있네.

말씨가 부드럽고 현명하게
사물을 이야기하며
마음씨도 온화한 사람이 하는 말은
모든 이의 귀에 듣기좋고 편안하며
세상의 진리를 설명한다네.

'대체 왕은 무슨 말을 하고 싶은게지?'
왕의 모친은 멀뚱한 얼굴로 듣고 있다가 마지막까지
다 들은 뒤에 혼자 중얼거렸다.
"분명히 두 마리 새 울음소리에서 뭔가 배울 점은 많
이 있는 것같다. 나도 다시 생각해보니…"

고운 소리, 거슬리는 소리

그리고 평소와는 달리 풀이 죽은 듯 눈을 내리깔았다.

모친은 지금까지의 자신의 행위를 매우 부끄럽게 여기며 두 번 다시 난폭하게 고함을 지르지 않았다고 한다.

부처님께서 이렇게 전생이야기를 들려주신 후에 말씀하셨다.

"그때의 그 왕의 모친은 지금의 저 수쟈타요, 그 왕은 바로 나였다."

〈쟈타카 269〉

23. 애욕에 사로잡힌 물고기

이 전생이야기는 부처님께서 기원정사에 계실 때 한 비구가 출가하기 전의 아내에게 유혹받은 일에 대해 말씀하신 것이다.

그때 부처님은 그 비구에게 물으셨다.

"비구여, 그대는 고민에 빠져 있다는데 사실인가?"

"그렇습니다. 세존이시여."

"그대는 무엇 때문에 그리 고민하고 있는가?"

"세존이시여, 제가 출가하기 전에 결혼한 아내는 너무나 아름다운 여인이었습니다. 그 여인을 단념할 수가 없어 고민에 빠졌습니다."

그러자 부처님께서 말씀하셨다.

"비구여, 그 여인은 그대를 해친 것이다. 전생에도 그대는 그 여인 때문에 죽게 되었다가 구제받은 일이 있었다."

이어서 그 비구의 전생이야기를 들려주셨다.

옛날, 바라나시에 한 사제가 살고 있었다. 그 사제는 모든 중생들의 말을 알아듣는 불가사의한 힘을 가지고 있었다.

어느 날 어부들이 고기를 낚으려고 강에 그물을 던져 넣었다. 그곳으로 한 마리의 커다란 물고기가 자신의 아내와 놀러나왔다. 물고기는 젊은 아내에게 정신없이 빠져 있었다.

앞에서 헤엄치고 있던 아내는 그물이 던져진 것을 눈치채고 보기좋게 피해서 지나갔다. 하지만 아내를 향한 애욕으로 머리가 꽉 차있던 남편 물고기는 어리석게도 그대로 그물 속으로 들어가버리고 말았다.

어부들은 물고기가 걸려든 것을 알고서 그물을 끌어올렸다. 그리고 그 물고기를 숯불에 구워먹으려고 불을 지피고 꼬치를 깎기 시작하였다.

그물에서 어롱으로 옮겨진 물고기는 비탄에 젖었다.

'숯불에 구워지는 고통이나 꼬치에 꿰이는 고통 따위는 아무려면 어떤가. 단지 내가 다른 여인에게 마음이 옮겨가 어딘가로 떠나갔다고 생각하면서 비탄에 잠길 내 사랑하는 아내의 고통을 생각하니 이 가슴이 찢어지는 것같구나.'

그리고 나서 물고기는 노래를 불렀다.

본생경
238

설령 이 몸이 갈갈이 찢어진다 해도
내게는 고통이 아니네.
하지만 아내의 비탄을 생각하면
이 가슴은 터져나가는 듯하여
견딜 수 없어라.

마침 그때 사제가 동료들과 함께 목욕을 하러 그 강가로 다가오고 있었다. 그리고 물고기의 비탄을 들었다. 그러자 사제는 생각하였다.

'저 물고기는 아내를 향한 맹목적인 애정에 눈이 어두워 사물의 이치를 제대로 파악조차 하지도 못하고 있구나. 이대로 죽으면 분명 지옥에 떨어질테지. 정말 가엾게 되었군. 옳거니, 내가 좀 도와주어야겠다.'

사제는 어부들에게 다가가서 말을 걸었다.

"여보시오들! 물고기 한 마리 내게 베풀지 않겠소?"

"사제님! 모쪼록 마음에 드는 물고기를 가져가십시오."

어부들은 황송해하며 답하였다. 그러자 사제는 말하였다.

"지금 막 당신들이 잡아먹으려고 하고 있는 그 물고기가 내 마음에 드는구료."

그 말을 듣자 어부들은 흔쾌히 그 물고기를 건네주었다.

애욕에 사로잡힌 물고기

사제는 두 손으로 물고기를 감싸서 강가로 내려갔다.

"물고기야! 만일 내가 오늘 너를 발견하지 않았더면 너는 죽고 말았을 것이다. 자아, 놓아줄터이니 두 번 다시 애욕에 눈이 멀어 자신을 잃는 일은 하지 말아라."

그렇게 말하고 나서 물고기를 물 속으로 놓아주었다.

부처님께서 이렇게 전생이야기를 말씀하신 뒤에 다시 네 가지 성스러운 진리를 말씀하시자 그 비구는 고민과 번뇌에서 풀려나 예류과를 얻었다. 이어서 부처님은 말씀하셨다.

"그때의 아내였던 물고기는 지금 그대의 전처요, 죽을 뻔했던 남편 물고기는 바로 그대며, 그 사제는 나였다."

〈쟈타카 34〉

24. 캇칼루 화관

이 전생이야기는 부처님께서 기원정사에 계실 때 데바닷타에 대해 말씀하신 것이다.

데바닷타가 상두산으로 이끌고 간 오백 명의 비구들을 사리불과 목건련이 다시 데리고 오자 데바닷타는 피를 토하며 고통에 몸부림쳤다.

이 일을 전해들은 부처님께서 말씀하셨다.

"그가 거짓말을 하여 그 과보로 고통에 시달리는 것은 지금뿐만이 아니다. 전생에도 그러하였다."

이어서 전생이야기를 들려주셨다.

어느 때, 바라나시에서 국가적인 성대한 축제가 거행되었다. 방방곡곡에서 수많은 사람들이 모여들어 엄청난 북새통을 이루었다.

하늘에서도 네 명의 천자들이 이 축제를 구경하려고

도시로 내려왔다. 그들은 캇칼루라고 하는 하늘의 꽃으로 만든 화관을 머리에 쓰고 있었다. 온 도시에 캇칼루 꽃향기가 퍼져나갔다. 모여든 사람들은 한결같이 이 꽃향기를 맡으며 신기한 듯 두런거렸다.

"어쩜 꽃내음이 이리도 향긋할까? 이토록 향기로운 꽃을 지니고 있는 사람은 대체 누구일까?"

"저 사람들은 우리를 눈치채지 못하고 저렇게 찾아다니고 있는 모양이다."

사람들의 술렁대는 소리를 들은 천자들은 이렇게 소근거리며 꽃향기를 풍기면서 왕궁의 정원에까지 와서 그 불가사의한 힘으로 공중에 떠 있었다.

"정말 좋은 향기다!"

수많은 사람들이 이 향기에 이끌려 몰려들었다.

이때 왕이 천자들을 발견하고 대신들과 함께 맞으러 나갔다.

"오오, 천자시여! 어서 이리로 내려오소서!"

왕은 하늘을 우러러 말하였다.

"이 도시에 무슨 일이 있어 오셨습니까?"

"우리는 성대한 축제를 구경하러 왔습니다."

천자들은 상냥하게 답하였다.

"천자시여! 그 향기롭기 그지없는 화관은 무슨 꽃으로 만들었습니까? 저희들은 그 향기에 그만 넋을 잃었습니다."

왕의 질문에 천자 중에 한 사람이 답하였다.

"이것은 캇칼루라고 하는 꽃입니다. 하늘에는 언제나 활짝 피어 있는 꽃이지요."

왕은 자신도 모르게 앞으로 나서서 애원하였다.

"그 화관을 부디 저희들에게 주지 않으시렵니까? 하늘에는 그보다 더 아름다운 꽃들이 피어있을 테니까요."

그러자 네 명 가운데 가장 연장자로 보이는 천자가 왕에게 다가가서 조용한 음성으로 왕을 일깨웠다.

"정말 미안합니다만 이 캇칼루꽃은 우리들 천자와 같은 이들에게만 걸맞는 꽃이지요. 인간 세상의 비천하고 어리석은 사람들에게는 어울리는 꽃이 아니랍니다. 인간 중에 만약 이 꽃이 어울리는 사람이 있다고 하면 그 사람이야말로 높은 덕을 갖춘 인물이지요."

그리고 계속하여 노래를 불렀다.

훔치지 않고 거짓말하지 않으며
영예를 얻어도 거만하지 않은
그런 사람만이 이 꽃으로
자신의 몸을 장식할 수 있답니다.

이 노래를 듣고 있던 사제 한 사람이 생각하였다.

'으음, 내게는 그런 덕이 하나도 갖추어져 있지 않다. 하지만 사람의 넋을 빼놓는 저 향기나는 꽃을 손에 넣기만 한다면 사람들은 나를 덕높은 인물로 추앙하겠지.
그래, 어떻게 해서든 그 화관을 받아야겠다.'

그러자 그는 천자에게 다가가서 말하였다.

"제 입으로 말하는 것이 송구스러운 일입니다만 제게
는 그런 덕이 갖추어져 있습니다."

그러자 천자는 그 말을 듣고 화관을 공손히 그의 머
리에 씌워주었다. 간단히 화관을 손에 넣을 수 있어 사
제는 아주 기분좋게 꽃향기에 취했다.

이어서 두 번째 천자가 노래를 불렀다.

거짓으로 재산을 불리지 않고
어떤 재보를 손에 넣어도
결코 교만하지 않은 사람이라면
이 꽃이 가장 어울리리라.

세 번째 천자가 노래를 불렀다.

신심 깊고 탐욕스럽지 않으며
타인을 생각할 줄 아는 사람
그런 사람만이 이 꽃으로
몸을 장식할 수 있으리.

그리고 마지막으로 네 번째 천자가 노래불렀다.

캇칼루 화관

음으로 양으로 타인을 돕고
선량하여 말과 행위가 어긋나지 않는
그런 사람만이 이 꽃으로
몸을 장식할 수 있으리.

천자들이 노래를 모두 부르고 나자 사제가 나아가 말
하였다.

"제게는 그런 덕이 빠짐없이 고루 갖추어져 있답니
다."

천연덕스럽게 거짓말하는 사제의 말에 조금도 의심하
는 기색없이 천자들은 화관을 전부 사제에게 주고 조용
히 하늘로 돌아갔다.

한편 천자들이 떠나가자마자 화관에 파묻혀있던 사제
에게 격렬한 통증이 찾아왔다. 마치 칼로 머리를 찌르는
듯 쇠고리로 머리를 옥죄이는 듯한 통증에 금방이라도
머리가 빠개지는 것만 같았다. 그는 끝내 극심한 두통을
견디다 못해 그 자리에 쓰러지고 말았다.

"왜 그러십니까? 정신 차리십시오."

사람들의 소리에 그는 의식을 겨우 되찾고 그 통증에
소리높여 울부짖으면서 견딜 수 없어 고백하였다.

"나는 내게 덕이 있지도 않은데 덕이 있다고 거짓말
을 하여 저 천자들로부터 화관을 받았습니다. 그 때문인
지 머리가 아파 견딜 수 없습니다. 제발 부탁이니 이 화

관을 내 머리에서 좀 벗겨주시오. 아아, 머리가 아파 견딜 수가 없습니다.”

사람들은 그의 머리에서 화관을 벗겨내려 하였다. 하지만 아무리 애를 써도 벗겨지지 않았다. 마치 두드려 박아넣은 철판처럼 머리에 딱 달라붙어 떨어지지 않는 것이었다. 하는 수 없이 사람들은 그를 안고 집으로 돌아갔다. 이리하여 그는 그로부터 이레 동안 집에서 울면서 지냈다. 두통은 좀 가라앉는가 싶으면 다시 격렬하게 찾아드는 것이었다.

왕도 가엾게 생각하여 대신들을 불러모아서 의논하였다.

“저 사제는 어리석은 사람이지만 저대로 내버려두다가는 죽고 말것이다. 어찌하면 좋겠는가? 뭔가 좋은 방법이 없겠는가?”

대신 가운데 한 사람이 답하였다.

“전하, 다시 한 번 축제를 여시는 것이 어떻겠습니까? 그러면 그때 찾아왔던 그 천자들이 다시 모습을 나타낼 것입니다.”

“과연 좋은 생각이로다. 어서 온 나라에 축제를 열도록 영을 내려라.”

이리하여 또다시 시끌벅적한 축제가 거행되었다.

그날 하늘에서 천자들이 다시 내려왔다. 도시에는 예전의 그 아름답고 향긋했던 꽃향기가 가득 찼다. 그 향기에 이끌린 수많은 사람들이 각지에서 모여들었는데 그전보다도 숫자는 더 불어난 것같았다.

사람들은 저 어리석은 사제를 데리고 와서 왕궁의 정원 앞에 반듯이 눕혔다. 사제는 바싹 야윈 채 울면서 하소연하였다.

"오오, 제발 이 화관을 벗겨주세요. 제발 제 목숨을 살려주십시오."

"이 꽃은 그대같은 사람에게는 어울리지 않는 것이었군요. 그대는 우리들을 속였다고 생각했겠지만 속이거나 거짓말을 하거나 하면 반드시 그 과보를 받게 되는 것이지요."

나이가 가장 많은 천자가 이렇게 타이른 뒤에 수많은 사람들 앞에서 그의 머리에 얹혀진 캇칼루 화관을 벗겨주었다. 그런 뒤 천자들은 몰려든 사람들에게 가르침을 설하고 나서 다시 하늘로 돌아갔다.

부처님께서 이렇게 전생이야기를 마치신 뒤에 이어서 말씀하셨다.

"그때의 그 사제는 지금의 저 데바닷타요, 첫째 천자는 나였으며 두 번째 천자는 가섭, 세 번째 천자는 목건련, 네 번째 천자는 사리불이었다."

〈쟈타카 326〉

25. 황금 인형

이 전생이야기는 부처님께서 기원정사에 계실 때 상처한 어떤 거사에 대해 말씀하신 것이다.

그 거사는 아내를 잃고 나서 슬픔에 사로잡혀 아무 일도 하지 않고 비탄 속에서 지냈다. 부처님은 그런 그의 마음에 진리에 대한 근기가 마련되어 있음을 아시고 그를 바른 길로 인도하시고자 생각하셨다.

어느 날 부처님께서 가셔서 그에게 물으셨다.

"그대는 어찌하여 모든 집안일에서 손을 놓고 있는가?"

그러자 그는 아내를 잃은 슬픔이 너무나 커서 그렇다고 답하였다.

부처님은 말씀하셨다.

"이 세상에서 무너질 것은 반드시 무너지게 되어 있다. 그것이 무너졌다고 해서 시름할 것은 없다. 옛날 현

인들은 아내가 죽어도 '덧없는 것은 당연히 그러한 법'
이라고 하며 시름에 잠기지 않았다."

그리고 나서 그에게 전생이야기를 들려주셨다.

옛날, 어느 부유한 바라문 집안에 한 사내아이가 태어
났다. 그 아이는 성인이 되어서 탓카시라로 나아가 학문
을 배웠다. 수년 뒤에 모든 학문을 익힌 그는 다시 부모
에게로 돌아왔다.

이제는 어엿한 어른이 된 아들의 모습을 대견해하며
부모들은 말하였다.

"자아, 이제 너도 아내를 맞이할 때가 되었구나."

부모는 조금이라도 인연이 닿는 사람이면 모두 찾아
다니며 아들의 색시감을 구하느라 혈안이 되었다. 그렇
지만 정작 당사자인 아들은 장가들 생각을 하고 있지
않았다.

"나는 집에서 머물며 가정을 꾸리기보다는 부모님이
세상을 떠나신 후에 출가하고 싶을 뿐입니다."

아들은 부모에게 자신의 뜻을 말씀드리며 하소연하였
지만 부모는 아들이 제정신으로 그런 소리를 한다고 믿
지 않았다. 그후에도 부모들은 온갖 여인들과의 혼담을
주고받았다. 마치 자신들이 그런 일들을 더 즐기고 있는
모습이었다.

아들은 그런 모습을 보고 뭔가 방안을 생각해내었다.

어느 날 그는 부모 앞에 황금으로 만든 인형을 놓고서 말하였다.

"이 정도로 고운 규수가 있다면 결혼하겠습니다."

"세상에, 어쩌면 이렇게 고운 인형이 다 있을까?"

"하지만 이렇게 아름다운 처녀가 어디 있을고?"

부모는 서로 얼굴을 쳐다보면서 생각에 잠겼다.

"좋다, 일단 결혼할 마음은 있다는 뜻이니까 어떻게든 이런 미인을 찾아줄테다. 이 황금 인형을 수레에 싣고 전국을 돌아다니면서 찾으면 되겠지."

부모는 하인들을 불러모아 인형을 수레에 싣고 전국을 돌아다니게 하였다.

마침 그 무렵 한 마을에 더할 수 없이 심성 고운 규수가 살고 있었다. 그녀는 매우 유복한 바라문 처녀로서 이름은 삼밀라바시니라고 하였다. 나이는 열여섯, 티없이 사랑스런 모습은 길 가던 사람들이 발걸음을 멈출 정도였다. 그 미모는 어느 누구한테도 뒤지지 않을 뿐더러 마음이 깨끗하여 헛된 애욕같은 것은 그녀에게서 전혀 찾아볼 수 없었다.

일행이 황금 인형을 가지고 규수를 찾으러 이리저리 다니던 중 마침내 그 마을에 당도하였다. 황금 인형을 본 마을 사람들은 저마다 깜짝 놀란 듯 수근거렸다.

"삼밀라바시니가 왜 저 수레에 있지? 어찌된 것일까? 설마 시집가는 것은 아닐테지?"

이 소리를 들은 하인들은 그토록 찾아헤매던 여인을 이제야 만났다며 한없이 기뻐하였다. 서둘러 마을 사람에게서 그 규수의 집을 물은 뒤 그들은 곧 그 바라문의 집으로 달려갔다.

"모쪼록 댁의 따님을 주십시오. 상대방은 훌륭한 가문의 뛰어나고 걸출한 청년이랍니다. 제발 따님을 그 청년의 배필로 맞이하게 허락하여 주십시오."

그들은 인형을 보이며 정중하게 부탁하였다.

여인의 부모는 곧 허락하였지만 제일 중요한 그 규수는 어찌된 일인지 고개를 끄덕이지 않았다. 부모는 딸의 의중을 물었다.

"제게는 결혼하고 싶은 마음이 없습니다. 부모님께서 장차 세상을 떠나시면 저는 출가하고자 합니다."

단호한 딸의 생각이었다.

하지만 부모는 세상을 잘 모르는 딸의 철없는 소리라고 여기며 혼담을 추진하고서 황금 인형을 받았다. 그 인형 대신에 규수가 수레에 올라타고 청년이 사는 도시로 시집을 가게 된 것이다.

이리하여 당사자인 청년과 규수의 마음은 안중에도 없이 두 사람은 주변 사람들에 떠밀려 결혼하고 말았다.

그날부터 두 사람은 같은 방 같은 침상에서 자게 되었지만 그들은 조금도 몸을 대지 않았다. 상대방을 애욕의 대상으로 여기는 일이 전혀 없었다. 두 사람은 순결

본생경
251

한 몸 그대로 부부로서 한지붕 아래 살아가고 있었다.

이윽고 청년의 부모가 세상을 떠났다. 그는 부모의 장례를 모두 마친 뒤 아내인 삼밀라바시니를 불러 말했다.

"내 생각을 들어보시오. 이 집에는 재산이 8억이나 있소. 이 재산으로 당신의 집을 지으시오. 그리고 편안하게 생활하시오. 나는 지금이라도 당장 출가할 생각이오."

"무슨 말씀이십니까? 당신이 출가한다면 나 또한 출가하겠습니다. 당신과 헤어져 안락하게 지낼 수 있다고 생각하십니까?"

아내의 진지한 눈빛을 받으며 청년은 결심하였다.

"그렇다면 함께 출가합시다."

두 사람은 모든 재산을 가난한 사람들에게 나누어주고 히말라야산으로 들어갔다.

이리하여 그들은 풀뿌리를 캐먹거나 나무열매를 따먹으면서 숲속의 고행생활을 이어갔던 것이다.

어느 정도 세월이 지나자 소금과 식초를 구하러 산을 내려와 여러 나라를 순례하면서 수행을 계속하였다. 이윽고 바라나시에 도착하였다. 삼밀라바시니는 너무나 쇠약해졌다. 그 수척해진 얼굴은 그들의 수행이 얼마나 모진 것이었는지 여실하게 보여주었다. 도시에 머물고 있는 동안 그녀는 탁발해서 얻은 잡곡밥을 먹었는데 몸이 쇠약해져서인지 이질에 걸리고 말았다. 의사에게 보이지도 못하고 약을 먹어보지도 못한 그녀는 더더욱 쇠약해져만 갔다.

어느 날 아침, 그는 쇠약해진 그녀를 안고 도시 성문까지 데리고 왔다. 한쪽에 오두막을 발견하고서 그 침상 위에 그녀를 눕혀놓고 자신은 탁발을 하러 나갔다.

그날 오후 아무도 지켜보는 이 없이 그녀는 마침내 숨을 거두고 말았다. 그녀의 기품있는 모습에 수많은 사람들이 몰려들어 눈물을 흘렸다.

탁발에서 돌아온 그는 그녀의 죽음을 알았지만 눈물 한 방울 흘리지도 않고 단지 고개를 끄덕일 뿐이었다. 그리고는 혼자서 중얼거렸다.

"무너져야 할 것은 언젠가는 무너진다. 영원불멸한 것은 아무것도 없다. 모두가 이런 운명에 놓여 있는 것이다."

그는 삼밀라바시니가 누워있는 판자 사이에 앉아서 언제나처럼 탁발에서 얻은 것을 먹고 입을 헹구었다.

"수행자님! 이 분은 당신의 부인이 아니십니까?"

에워싸고 있던 사람들이 물었다.

"출가하기 전에는 우리들은 부부였소."

이 말을 듣고서 사람들은 그를 비난하였다.

"전혀 모르는 우리들조차도 이렇게 슬퍼하고 있는데 남편이었던 당신은 어쩌면 그리도 매정하게 태연하십니까?"

그러자 그는 눈을 감고 합장하고서 조용하게 노래불

렀다.

　　내 아내는 이제
　　다른 세계에서 지내고 있소.
　　지금의 그녀에게 나는 무의미하기에
　　나는 슬퍼하지 않는다오.

　　사람을 잃고 그때마다
　　비통해해야 한다면
　　시시각각 죽음을 향해가는
　　제 스스로를 비통해해야 하리라.

　　덧없고 달라지며 항상하지 않는
　　우리들 몸이야말로 이미 지나간 것.
　　죽은 사람을 슬퍼하기보다는
　　살아있는 사람에게 자비를 베풀어야 하리.

　이렇게 그가 세상의 덧없음을 조용히 설하자 듣고 있던 사람들의 마음도 진정이 되었다. 사람들은 정중하게 그녀의 장례를 치렀다. 그것을 다 지켜본 뒤에 그는 다시 홀로 히말라야산으로 들어갔다.

　부처님은 이렇게 전생이야기를 들려주신 뒤에 다시

황금 인형
254

네 가지 성스러운 진리를 설하셨다. 그러자 그 거사는
예류과에 들었다. 부처님께서 다시 말씀하셨다.

"그때의 아내는 바로 지금의 저 라훌라의 어머니요,
그 수행자는 바로 나였다."

〈쟈타카 328〉

26. 확실하고 올바른 길

    이 전생이야기는 부처님께서 기원정사에 계실 때 아나타핀디카 장자와 오백 명의 이교도들의 믿음에 관하여 설하신 것이다.

    어느 날 아나타핀디카 장자가 자기 동료인 오백 명의 상인들을 거느리고 부처님을 찾아왔다. 그들은 그때까지는 다른 종교를 가지고 있었는데 아나타핀디카 장자의 권유로 부처님을 뵙고 법을 들으러 왔던 것이다.

    부처님은 높은 암벽 위에서 사자후하는 기운찬 사자처럼 혹은 천지에 울려퍼지는 천둥소리처럼, 또는 하늘의 강을 끌어내리는 기세로 듣기 좋고 사랑스러우며 장엄한 음성으로 갖가지 방편을 갖춘 미묘한 법의 말씀을 그들에게 베푸셨다.

    설법을 듣고 나서 마음이 깨끗해진 그들은 일어서서 부처님 발에 절하고 이교에 대한 믿음을 버리고 부처님과 법에 귀의하였다.

부처님께서 그후 라쟈가하로 가신 후 그들은 부처님과의 약속을 저버리고 다시 이교도를 숭배하고 그들에게 갖은 공양을 올렸다. 몇 달이 지나 부처님께서 다시 기원정사로 오시자 아나타핀디카 장자가 거듭 그들을 이끌고 부처님을 뵙고자 왔다. 그리고 아나타핀디카는 진리에 도달하신 부처님께서 유행하러 이 지역을 떠나 계시는 동안 자신의 동료들이 삼보에 대한 귀의를 저버리고 이교에 귀의하였던 것을 말씀드렸다.

그러자 부처님께서 그들에게 물으셨다.

"우바새들이여! 그대들은 삼보에 대한 귀의를 저버리고 이교에 귀의하였다는데 그 말이 사실인가?"

그러자 그들은 차마 거짓말을 할 수가 없어 고백하였다.

"그렇습니다. 세존이시여!"

그러자 부처님께서 말씀하셨다.

"우바새들이여! 아래로 아비치지옥에서 위로는 유정천에 이르기까지, 또 사방으로는 무량세계에 이르도록 진리와 덕망을 갖춘 부처님과 동등한 자는 없느니라. 하물며 부처님보다 더 뛰어난 이가 어떻게 있을 수 있단 말인가?"

이어서 그들에게 갖가지 설법으로 가르침을 베푸신 후에 말씀하셨다.

확실하고 올바른 길

"과거에 어떤 사람들은 귀의할 것이 없는데도 귀의한다고 하여 헛된 이론을 진지하게 받아들이고, 모순되며 대립되는 이치를 진실하게 받아들여서 귀신이 지배하는 폐허에서 야차의 먹이가 되어 가혹한 파멸에 빠진 일이 있다. 그러나 그와 반대로 확실하고 올바른 길을 받아들이고 모순되거나 대립되지 않는 이치를 참으로 받아들인 사람들은 그같은 폐허에서도 평온하고 무사한 상태를 얻었던 일이 있었다."

그러자 아나타핀디카가 부처님께 청하였다.

"세존이시여! 저희들에게 그 일을 말씀하여 주시옵소서. 스승이시여, 하늘에 보름달이 걸린 것처럼 밝게 그 경위를 밝혀주소서!"

아나타핀디카의 청에 따라 부처님께서 그 전생이야기를 들려주셨다.

옛날, 카시왕국의 바라나시 성에 브라흐마닷타라는 국왕이 살고 있었다. 그때 보살[1]은 대상의 우두머리 집에 태어나 차츰 성장하여 청년이 되자 오백 대의 수레를 둔 가게를 운영하게 되었는데 어느 날은 동쪽에서 서쪽으로, 또 어느 날은 서쪽에서 동쪽으로 오가게 되었다. 같은 바라나시에는 때마침 또 다른 대상의 우두머리의 아들이 있었는데 그는 어리석고 재주도 없었으며 임기응변의 재치도 없었다.

그때 보살은 바라나시에서 아주 고가품의 물건을 사들여 오백 대의 수레에 물건을 가득 싣고 여행할 채비를 갖추어 대기하도록 일렀다.

그러자 보살은 생각하였다.

'저 우둔한 대상의 아들이 나와 함께 길을 떠난다면 천 대의 수레가 한꺼번에 길을 지나게 될 터인데 그리 되면 길은 견뎌내지 못하게 되리라. 사람들을 위한 식품과 식수도, 소를 위한 풀도 손에 넣지 못할 것이다. 누구든 한쪽이 먼저 출발하는 것이 좋겠구나.'

보살은 그들을 초대해서 이러한 사정을 이야기하고 "우리 두 사람이 한꺼번에 출발할 수는 없다. 그러니 그대가 앞서 가겠는가 뒤를 따라 오겠는가?" 하고 말했다.

'내가 앞서 출발한다면 많은 이득이 있을 것이다. 아직 수레바퀴의 자국도 나 있지 않은 길을 가게 될 것이며, 소는 아직 아무도 먹지 않은 새 풀을 먹게 될 것이고 사람들은 아직 손대지 않은 칼레용 잎을 먹을 것이고 식수도 깨끗할 것이다. 물건을 아주 좋은 대상에게 넉넉한 값으로 흥정할 수도 있을 것이다.'

그는 말했다.

"벗이여! 내가 앞서 떠날 것이오."

그러나 보살은 뒤에 떠나면 많은 이점이 있을 거라고 생각했다.

그 이점이란 다음과 같은 것이다.

‘앞서 출발한 사람들은 울퉁불퉁한 길을 평평하게 만들어 놓을 것이다. 나는 그들이 지나간 길을 통과하면 되리라. 또한 앞서 출발한 소들은 오래 되어서 뻣뻣한 풀을 먹겠지만 뒤에 출발한 내 소들은 새 순이 돋아 연한 풀을 먹게 될 것이다. 사람들에게는 앞에 풀이 가득 쌓인 곳에서 순이 나온 감미로운 칼레용 잎이 있을 것이다. 저 사람들은 물이 없어 우물을 파야겠지만 우리들은 저 사람들이 파놓은 우물에서 물을 먹으면 될 것이다. 또한 값을 결정한다는 일은 사람의 목숨을 빼앗을 정도로 가혹한 일인데 나는 후에 그리로 가서 그들이 정한 가격으로 물건을 팔기로 하자.’

보살은 바로 이와같은 이점을 미리 생각해내고 “벗이여! 그대가 먼저 출발하시오”하고 말했다.

“좋소. 그렇게 하리다. 친구여!”하고 말한 우둔한 그는 수레를 몰고 출발하여 여기저기 사람이 사는 지역을 통과하여 폐허의 입구에 도달하였다.

그런데 그 폐허라고 하는 것은 도둑의 폐허, 맹수의 폐허, 물이 없는 폐허, 귀신의 폐허, 기근의 폐허의 다섯 종류가 있다. 도둑이 나타나는 길이 도둑의 폐허이며, 사자와 같은 맹수가 나타나는 길이 맹수의 폐허, 그리고 목욕을 하거나 마실 수 있는 물이 없는 폐허, 귀신이 출현하는 폐허, 식물뿌리나 딱딱한 음식 뿐 먹을 것이 없는 기근이 심한 폐허를 의미한다.

이 다섯 종류의 폐허 가운데 그곳은 물이 없는 폐허이기도 하고 귀신이 나오는 폐허이기도 하였다. 그렇기 때문에 대상의 아들은 수레에 엄청나게 큰 물병을 싣고 물을 가득 채우도록 한 후 60요자나[2]에 달하는 폐허에 들어섰다.

그러자 그가 폐허의 한가운데 도착했을 때 그 폐허에 사는 야차가 "놈들이 지니고 있는 물병을 버리게 해서 지치게 만든 다음에 모두 잡아먹어야겠다"라고 말하고 새하얀 힘센 소에 달아맨 빠른 수레를 마력으로 만들어 내고, 활이며 화살통, 창 등의 무기를 손에 쥔 귀신 열두 명에 둘러싸여 푸른 연꽃, 흰 연꽃을 장식하고 머리와 옷을 물에 적신 후 마치 군주와도 같이 수레에 올라타고 수레바퀴에 진흙을 잔뜩 묻힌 뒤에 반대방향에서 다가갔다.

둘러싸고 있는 자들도 야차의 앞뒤에서 함성을 지르며 나아갔는데 머리와 옷을 적시고 푸른 연꽃과 흰 연꽃의 화환으로 장식하고 붉은 연꽃과 흰 연꽃다발을 손에 들고 연잎 줄기며 가지를 먹으면서 물방울과 진흙을 흘리면서 다가갔다.

한편 대상의 아들은 앞에서 역풍이 휘몰아칠 때면 수레에 올라타서 시종들에게 둘러싸여 먼지를 피해 앞쪽에 서서 나아갔으며 또 뒤로 순풍이 불어오면 같은 자세로 뒤쪽에 서서 나아갔다. 그런데 그때는 앞에서 역풍이 불고 있었다. 그래서 그 대상 아들은 앞쪽에 서서 나아가고 있었다.

야차는 그가 다가오는 것을 보고 자신의 수레를 길옆에 세워두고 인사를 건네었다.

"어디로 가시는 길입니까?"

대상의 아들도 자기 수레를 길 옆에 세우고 수레가 지나도록 길을 열면서 한 편에 서서 그 야차에게 말을 건넸다. "네, 우리는 바라나시에서 왔습니다. 그건 그렇고 당신은 푸른 연꽃과 흰 연꽃을 손에 들고 연잎 줄기며 가지를 잡수시면서 진흙투성이가 되어 물을 뚝뚝 떨구고 계시는데, 당신들이 지나온 길에는 비가 내리고 푸른 연꽃이 활짝 핀 연못이 있었습니까?"하고 물었다.

야차는 그의 말을 듣고 "친구여! 그게 무슨 말입니까? 저쪽은 깊은 숲으로서 물이 있는 정도가 아니라 항상 비가 내리고 협곡의 움푹 패어진 곳은 물로 가득 차있고 이곳저곳에 푸르고 붉은 연꽃이 피어난 연못이 있습니다"라고 말하며 차례로 지나가는 수레를 보고 "이 수레들을 끌고 어디로 가시는 중입니까?"하고 물었다.

"어느어느 나라로 가는 길입니다."

"그런데 이 수레들에는 어떤 물건이 있습니까?"

"이것저것 들어 있습니다."

"뒤쪽에서 오고 있는 수레는 대단히 무겁고 힘겹게 오고 있는데 거기에는 어떤 물건이 있습니까?"

"거기에는 물이 있습니다."

"다른 곳에서 물을 날라오고 계시다니 어쨌든 고생스러우시겠습니다. 하지만 지금부터는 물에 관한 한 그럴 필요가 없습니다. 앞에는 물이 많이 있습니다. 병마개를 열어 물을 버리시고 즐겁게 여행하십시오."

그렇게 말하고 나서 "자, 모두들 살펴 가십시오. 우리는 자칫하다가 늦어지게 되겠습니다" 하고 말하며 조금씩 나아가다가 그들이 보이지 않는 곳까지 와서 자신들의 야차 성으로 돌아갔다.

한편, 저 어리석은 대상의 아들은 야차의 말을 곧이듣고 물병을 열어 한 방울의 물도 남기지 않은 채 죄다 쏟아 버리고 나서 수레를 재촉하였다. 그러나 앞으로 나아갈수록 한 모금의 물도 찾아볼 수 없게 되자 사람들은 물을 마시지 못해 피로해지고 말았다. 그들은 해가 저물도록 앞으로 나아갔고 그후에는 수레를 떼어 둥그렇게 정렬시키고 소를 수레바퀴에 묶어두었다. 소가 먹을 물도 없었고 사람이 먹을 죽도 없었다. 사람들은 지쳐 쓰러져 여기저기에 드러누워 잠들어 버렸다.

그런데 한밤중이 되자 야차들이 야차 성에서 몰려나와 소와 인간의 목숨을 빼앗아 그 살점을 다 먹어치우고 해골만 남겨둔 뒤 돌아갔다. 이리하여 단 한 사람의 우둔한 대장 때문에 그들은 모두가 파멸하였으며 손뼈 따위가 사방팔방으로 흩어지고 오백 대의 수레는 짐을

확실하고 올바른 길

가득 실은 채 그냥 버려지게 된 것이다.

보살은 저 우둔한 대상의 아들이 출발한 지 한 달 반이 지나 오백 대의 수레를 끌고 도성을 나와 이윽고 폐허의 입구에 도달하게 되었다. 그는 그곳에서 물병을 가득 채우도록 하고 많은 물을 준비하게 한 후, 천막을 친 곳에서 북을 울려 사람을 모았다.

"내 허락을 얻지 않고는 한 방울의 물도 사용해서는 안 된다. 이 폐허에는 독이 든 물이 있다. 잎도, 꽃도, 나무열매도, 지금까지 먹어 본 일이 없는 것은 내게 물어보지 않고 먹어서는 결코 안 된다."

이렇게 사람들을 경계한 후에 오백 대의 수레를 이끌고 폐허에 들어갔다. 일행이 폐허의 중앙에 도달하자 앞서의 야차가 마찬가지 방법으로 보살의 앞에 그 모습을 드러냈다. 보살은 그를 보자 다음과 같이 눈치챘다.

'이 폐허에는 물이 없어서 무수(無水)폐허라고도 불리운다. 그런데 이 자는 두려운 기색도 없고 두 눈은 뻘겋게 충혈되었고 그 그림자는 볼 수가 없구나. 앞서 출발한 어리석은 무리들은 물을 전부 버리고 마침내 피로에 지쳐 수행하던 사람들과 함께 이 자에게 잡혀먹혔을지도 모른다. 그런데 이 자는 필시 내가 지혜있고 수완이 뛰어나다는 사실을 모를 것이다.'

그리고 보살은 야차에게 말하였다.

"그대들은 물러가라. 우리는 상인이다. 달리 물을 발

견하지 않고는 가지고 있던 물을 버리지 않는다. 물을 발견한 곳에서 수레를 가볍게 할 것이다."

야차는 조금씩 앞으로 나아가서 보이지 않게 되자 앞서의 야차 성으로 돌아갔다.

야차가 떠나가자 사람들은 보살에게 이야기했다.

"주인이시여! 저쪽에는 항상 비가 내리고 있습니다. 푸르고 흰 꽃으로 장식하고 붉은 연꽃과 흰 연꽃다발을 가지고 연잎 줄기와 가지를 먹으면서 옷과 머리가 젖어 물방울을 뚝뚝 떨구며 지나갔습니다. 우리들은 물을 버리고 수레를 가볍게 해서 신속하게 나아가기로 합시다."

보살은 그들의 말을 듣고 수레를 멈추게 하여 사람들을 모두 모아서 "그대들은 이 폐허에 호수가 있다든가 연못이 있다든가 하는 말을 지금까지 누구에게 전해 들은 적이 있는가?" 하고 물었다.

"아니오, 주인나리. 지금까지 들어본 적이 없습니다. 이곳은 무수폐허라 이름하는 곳입니다."

"이제 어떤 사람들이 '저쪽에 비가 내리고 있습니다' 라고 말하고 지나갔는데, 비바람은 어느 정도 지점까지 내리고 있는 것인가?"

"1요자나 정도의 지점까지입니다. 주인나리."

"그러면 그대들 가운데 어느 누구의 몸에 비바람이 와 닿았는가?"

"아니오. 누구의 몸에도 닿은 일이 없습니다. 주인나

확실하고 올바른 길
265

리."

"그러면 당신들 가운데 대체 누가 구름낀 산봉우리를 보았는가?"

"아니오. 보지 못했습니다. 주인나리."

"번개는 어느 지점까지 볼 수 있는가?"

"4, 5요자나 지점까지입니다."

"그런데 그대들 가운데 번갯불이 번쩍거리는 것을 본 사람이 있는가?"

"아니오. 보지 못하였습니다. 주인나리."

"우레소리는 어느 지점까지 들리는가?"

"1, 2요자나 정도의 지점까지입니다. 주인나리."

"그런데 당신들 가운데 대체 누가 우레소리를 들은 적이 있는가?"

"아니오. 듣지 못했습니다. 주인나리."

"아까의 사나이는 인간이 아니다. 그는 야차로 우리에게 물을 버리게 하여 지치도록 만든 다음에 '잡아먹어야겠다'고 생각하고 왔을 것이다. 앞서 출발한 우둔한 대상의 아들은 임기응변의 지혜가 없는 자였다. 틀림없이 그는 물을 버린 뒤 지쳐 쓰러져 저 야차에게 잡아먹혔을 것이다. 오백 대의 수레도 짐을 가득 실은 채로 버려져 있을 것이다. 이제 우리들은 그 광경을 눈으로 볼 수 있을 것이다. 물을 한 방울도 버리지 말고 가능한 빨리 수레를 몰고 가기로 하자"라고 말하며 수레를 재촉하도록 일렀다.

그는 앞으로 나아감에 따라 오백 대의 수레가 짐을 가득 실은 채 그대로 버려져 있으며 사람과 소의 뼈 등이 이리저리 어지럽게 흩어져 있는 광경을 보고 수레를 원형으로 세우고 야영할 준비를 하도록 일렀다. 그리고 늦지 않은 시간 안에 사람들과 소들에게 저녁을 먹인 후 사람들 중앙에 소를 재우고 칼을 가진 대장들을 이끌고 밤중에 파수를 보며 해가 떠오를 때까지 잠들지 않았다. 다음 날 아침, 자리와 소지품들을 정비하고 소에게는 먹이를 먹이고 부서진 수레를 버리고 견실한 것을 가려내어 값싼 물건은 버리고 값비싼 물건을 꾸렸다. 그리고 예정대로 목적지를 향해 가서 두 배, 세 배의 가격으로 물건을 판 후에 일행을 모두 데리고 다시 자기의 성으로 돌아왔던 것이다.

부처님께서 아나타핀디카에게 이같은 전생이야기를 들려주신 후에 말씀하셨다.

"장자여! 이처럼 헛된 말을 진짜로 받아들였던 자는 가혹한 파멸에 떨어지고 이에 대해 확실하고 올바른 길을 받아들였던 자는 귀신의 손에서 벗어나 무사히 목적지에 도달하여 다시 자기의 고향으로 돌아갔던 것이다."

그리고 이어서 게송으로 말씀하셨다.

확실하고 올바른 길
267

어떤 사람들은 확실하고 올바른 길을,
또 헛된 이론에 부질없이 매달려 있는 사람들은
그 이외의 길을 설한다.
지혜로운 자라면 이것을 잘 이해해서
확실하고 올바른 길을 받아들여야 하리라.

이렇게 말씀하신 뒤에 갖가지로 진리를 설해주시니 그 자리에 모여있던 오백 명의 상인들은 모두 예류과에 들었다.

그들이 진리의 길에 들어섰음을 아신 부처님께서는 이어서 이렇게 말씀하셨다.

"그때 그 어리석은 상인의 우두머리는 지금의 데바닷타이며 그를 따른 무리는 데바닷타의 추종자들이다. 지혜로운 상인의 우두머리는 지금의 나이며 그 상인을 따르던 사람들은 지금의 나를 따르는 제자들이다."

〈쟈타카 1〉

1) 아직 부처님이 되지는 못했지만 장래 반드시 부처님이 될 것으로 예정되어 있는 사람. 다시 말하면 깨달음의 완성을 추구하여 수행하는 사람으로서, 여기서는 깨달음을 얻기 이전의 석가세존의 호칭으로 쓰이고 있으며, 부처님의 전생이 보살이었음을 말하고 있다.
2) 인도의 거리를 재는 단위. 약 10킬로미터 내지 15킬로미터 정도. 제왕이 하루에 행진하는 거리라고 한다.

27. 장작줍는 여인

　이 전생이야기는 부처님께서 기원정사에 계실 때 바사바 캇티야라는 여인에 대해 말씀하신 것이다.

　그녀는 석가족 마하나마의 딸인데 나가문다라고 하는 하녀의 몸에서 태어났으며 코살라 국왕의 제일 왕비였다. 왕비가 된 그녀는 왕자를 낳았다. 그렇지만 국왕은 후에 왕비가 하녀의 몸에서 태어난 신분임을 알고 그 왕비의 지위를 박탈했으며 아들인 비두다바 왕자의 직위도 빼앗아 버렸다. 이리하여 두 사람은 집안에만 갇혀 지내게 되었다.

　부처님께서는 그러한 사연을 들으시고 아침에 오백 명의 비구들을 거느리고 국왕에게로 가시어 이렇게 물으셨다.

　"대왕이여! 바사바 캇티야는 어디에 있습니까?"

　국왕은 지금까지의 경위를 말씀드렸다. 그러자 부처

님께서 물으셨다.

"대왕이여! 바사바 캇티야는 누구의 딸입니까?"

국왕이 답하였다.

"마하나마의 딸입니다."

"결혼은 누구와 하였습니까?"

"제게 시집을 왔습니다."

"그 여인은 왕족의 딸이며, 국왕에게로 시집을 와서 국왕의 아들을 낳았습니다. 그 아들이 무슨 까닭으로 아버지가 소유한 왕국의 후계자가 될 수 없다는 말이오? 과거에 어느 나라의 국왕은 장작줍는 여인과 관계를 맺어 아들을 낳게 되었는데 비록 장작 줍는 여인이 낳은 아들이지만 국왕은 그 아들에게 왕국을 물려준 일이 있습니다."

그러자 왕은 부처님께 그 전생이야기를 들려주십사 청하였다. 부처님은 전생이야기를 이렇게 들려주셨다.

그 옛날, 바라나시 성에 브라흐마닷타라는 국왕이 커다란 환호를 받으면서 왕국의 동산에 나아갔을 때 꽃과 과일을 따러 다니다가 동산의 숲에서 노래를 부르며 장작을 주워 모으는 여인을 발견하고 마음이 끌려 함께 지냈다. 바로 그때 보살이 여인이 태에 들어갔다. 그러자 그녀의 배가 마치 금강석이 가득 들어찬 듯 홀연히 무거워졌다.

그녀는 자신이 아이를 배었음을 알고 왕에게 아뢰었다.

"대왕이시여! 제가 임신을 하였나이다."

국왕은 왕의 아이임을 증명하기 위한 반지를 빼어 주면서 말하였다.

"만일 여자아이면 이 반지를 팔아서 아이를 기를 것이며 남자아이라면 이 반지를 지니고 나의 성으로 데려오너라."

왕이 떠나간 뒤 그녀는 달이 차자 보살을 낳았다. 이 보살이 걸음마를 배우고 이곳저곳으로 놀러다닐 수 있게 되었을 즈음, 놀이터에서 놀고 있을 때 어떤 사람이 이렇게 말하는 것을 들었다.

"아비 없는 자식이 우리를 때렸다."

그 소리를 듣자 보살은 어머니에게 달려가 물었다.

"어머니, 내 아버지는 어느 분이세요?"

"아가야! 너는 바라나시 국왕의 아들이란다."

"어머니 그렇다면 무슨 증거라도 있다는 말이예요?"

"아가! 대왕께서 이 반지를 주시면서 '만일 여자아이면 팔아서 아이를 기를 것이고 남자아이라면 이 반지를 갖고 데려오너라' 하고 말씀하시고 떠나가셨단다."

"어머니! 그렇다면 어째서 저를 아버지께 데려가지 않는 것이죠?"

그녀는 아들의 소원을 알고 왕궁으로 가서 국왕을 뵈

옵고자 청하였다. 그리하여 그녀는 국왕의 알현이 허락되어 왕궁 안으로 들어가 국왕에게 경배를 올렸다. 그리고 나서 아뢰었다.

"이 아이는 당신의 아들이옵니다. 대왕이시여!"

국왕도 눈치채고 있었지만 주위에 늘어선 많은 사람들에게 부끄러워 "내 아들이 아니다" 하고 답하였다.

"이 반지는 당신의 것입니다. 대왕이시여! 이 반지를 알고 계실 것입니다."

"그것도 내 반지가 아니다."

"대왕이시여! 지금 제게는 이 '맹세의 말'¹⁾밖에 증거로 삼을 것이 없사옵니다. 만일 이 아이가 왕의 아들이라면 공중으로 떠올라 서게 될 것입니다. 만약 그렇지 않다면 땅으로 떨어져 죽어버릴 것입니다" 하고 말하며 보살의 두 발을 움켜잡고 공중으로 던졌다.

보살은 공중에 다리를 포개고 단정히 앉아〔결가부좌〕아름다운 목소리로 부친에게 법을 설하면서 다음의 게송을 노래하였다.

대왕이여! 당신의 아들입니다.
나를 길러주십시오. 대중의 우두머리여!
왕인 자는 다른 사람도 길러야 하거늘
하물며 왕인 자가 자기 자손을 길러야 함은
더 이상 말할 필요 있으리.

보살이 공중에 단정히 앉아 이같이 법을 설하자 국왕은 자신도 모르게 손을 내밀며 말했다.

"자! 어서 내려오시오. 내가 기를 것이오. 내가 기를 것이오."

다른 사람들도 수없이 많은 손을 내밀었지만 보살은 다른 사람의 손에는 내려오지 않고 바로 국왕의 손으로 내려와 그 무릎에 앉았다. 국왕은 그에게 태자의 지위를 주고 그 어머니를 제일 왕비로 즉위케 하였다.

그는 부친이 죽자 캇타바하나라 하는 국왕으로 즉위해 올바른 법으로써 나라를 다스리고, 그 업보에 따라 이 세상을 떠났다.

부처님께서 이렇게 전생이야기를 들려주신 뒤에 덧붙여 말씀하셨다.

"그때의 어머니는 지금의 마야부인이요, 아버지는 정반왕이며 캇타바하나왕은 바로 나였다."

〈쟈타카 7〉

1) 참다운 효력을 가진 말은 주술적인 초자연적 힘을 가졌다고 여겨졌다. 여기에서는 왕이 발한 말의 주술적 효력을 위해 한 말이다.

28. 백발의 가르침

이 전생이야기는 부처님께서 기원정사에 계실 때 위대한 출가에 대해서 말씀하신 것이다.

그때 비구들은 열 가지 힘을 갖추신 부처님의 출가를 찬양하면서 모여 있었다. 그러자 부처님께서 법당으로 오셔서 비구들에게 물으셨다.

"비구들이여, 그대들은 여기서 무슨 이야기를 주고 받고 있었는가?"

비구들이 말씀드렸다.

"세존이시여! 저희들은 부처님의 위대한 출가를 찬양하면서 이야기를 나누고 있었습니다."

그러자 부처님께서 말씀하셨다.

"비구들이여! 진리에 도달한 사람이 출가하였던 일은 지금뿐만의 일이 아니다. 과거에도 그런 일이 있었다."

그리고 비구들의 청에 따라 부처님께서 전생이야기를

말씀하셨다.

　그 옛날 비데하 왕국에는 왕이 살고 있었다. 그는 종교에 대한 강한 믿음을 갖고 있었고 정도(正道)로써 나라를 다스리는 왕이었다. 그는 8만 4천 년 동안 왕자로 있었고 또한 황태자의 자리에 앉았으며 또 대왕의 자리에 올라 통치하며 길고 긴 세월을 지내오고 있었다.

　그러던 어느 날 이발사에게 이야기하였다.

　"만일 내 머리에서 흰 머리카락이 발견되면 내게 알리도록 하라."

　그후 아주 오랜 시간이 흐른 어느 날 이발사는 왕의 새까만 머리카락 사이에서 흰 머리카락을 하나 발견하게 되었다.

　"여기 흰 머리카락을 찾았나이다."

　"자! 그러면 그대는 그 머리카락을 뽑아서 내 손 위에 올려 놓아라."

　이발사는 황금족집게로 그것을 뽑아서 왕의 손 위에 올려놓았다.

　그때 왕에게는 아직 8만 4천 년의 수명이 남아 있었다. 그렇기는 해도 백발을 발견하자 마치 죽음의 신이 찾아온 양, 흡사 자신이 불타오르는 오두막에 들어 있는 양 생각되어 마음은 애닯고 초조해 견딜 수 없었다.

　"어리석도다. 마카데바여! 백발이 나오도록 이 번뇌들

백발의 가르침

을 끊지 못했다니!"

그는 이렇게 백발이 난 것을 거듭거듭 생각하다 그만 몸 속에 열이 일어났다. 몸에서 땀이 비오듯 흘러 온통 끈적거리고 옷이 착 달라붙어 벗을 수도 없을 지경이었다. 마침내 왕은 결단을 내렸다.

"지금이야말로 세속적인 생활에서 벗어날 수 있는 다시없는 좋은 기회로다."

이발사에게는 10만 금이 들어오는 마을을 하사한 후 자신의 맏아들을 불러 이렇게 말했다.

"내 머리에 백발이 돋아났구나. 나는 이제 늙었다. 또한 인간적인 욕망은 누릴 대로 누렸다. 이제는 천상의 즐거움을 구하고 싶구나. 내가 출가할 다시없는 좋은 기회이다. 너는 이 왕권을 물려받으라. 나는 집을 나가 '마카데바 망고 숲'에 살면서 사문(수행자)의 도를 닦고자 하노라."

출가할 결심이 선 왕에게 대신들이 물었다.

"대왕이시여! 무슨 까닭으로 출가하고자 하나이까?"

왕은 흰 머리카락을 들어 보이며 대신들을 향해 다음과 같은 게송을 외웠다.

내 머리에 백발이 생겨났다.
수명을 갉아먹는 하늘의 심부름꾼[1]이 나타난 것이다.
지금이야말로 집을 나설 다시없는 기회가 아닌가!

본생경
276

왕은 이렇게 노래하고 바로 그날 왕위를 물려주고 출가하여 선인(仙人)이 되었다. 그리하여 '마카데바 망고 숲'에 살면서 8만 4천 년 동안 자비희사의 한없는 마음을 실천하고 다시 물러서지 않는 선정에 잠겨 때가 되자 범천계에 태어났다. 그리고 다시 윤회하여 같은 마틸라 성에서 니미라라는 이름의 왕이 되어 멸절의 상태에 놓인 자신의 일족을 다시 일으킨 후 앞서의 망고 숲으로 출가하여 성스러운 마음 상태를 실천하고 목숨이 다해 범천계에 이르렀다.

부처님께서 이렇게 전생이야기를 들려주신 뒤 네 가지 성스러운 진리에 관하여 가르침을 베푸시자 그 자리에 있던 비구들 가운데 어떤 이는 예류과를, 또 어떤 이는 일래과를 그리고 어떤 이들은 불환과에 올랐다.

부처님께서 비구들이 깨달음의 경지에 오른 것을 아시고 이어서 말씀하셨다.

"비구들이여, 그때의 이발사는 지금의 아난다이며, 왕의 아들은 라훌라요, 왕은 바로 지금의 나였다."

〈쟈타카 7〉

---

1) 백발은 죽음을 알려 주는 죽음의 심부름꾼이며, 또 다른 한편으로는 해탈을 향한 청정의 길로 이끄는 심부름꾼[天子]이기도 하다는 뜻에서 이렇게 말하는 것이다.

29. 행운을 불러오는 명마(名馬)

이 전생이야기는 부처님께서 기원정사에 계실 때 수행정진을 단념한 비구와 관련해서 말씀하신 것이다.

그때 부처님께서 그 비구를 꾸짖으신 뒤 비구들에게 말씀하셨다.

"비구들이여! 과거에 지혜롭던 이들이 절망스러운 상태에 있어도 그들은 결코 수행정진을 단념하지 않았다. 그리고 부상을 입었어도 결코 단념하거나 체념한 일이 없었다."

그리고 비구들의 청에 따라 그 전생이야기를 들려주셨다.

옛날, 바라나시에 브라흐마닷타왕이 나라를 다스리고 있었을 때 그 나라에는 신두 산(産) 명마(名馬)가 있었다. 그는 언제나 화려하게 치장을 하고 바라나시 왕의

'행운의 말'[1]로 불리웠다. 그는 10만 금의 황금그릇에 갖가지 진귀하고 3년 먹을 양식보다 더 많은 양의 밥을 먹으며 네 가지 향수가 뿌려진 땅 위에 서 있었다. 그 마구간은 진홍빛 모직 천으로 둘러졌으며 위는 황금색 별이 수놓인 천막이 늘어졌고, 향기로운 풀과 꽃다발이 장식되어 있었고 게다가 향유 등불은 언제나 주위를 환히 밝히며 타오르고 있었다.

주변의 왕들 가운데에는 바라나시 왕국을 탐내지 않는 자가 없었다. 어느 날, 일곱 명의 왕들이 바라나시 성을 포위하고 '우리에게 왕국을 넘겨라. 그렇지 않으면 전쟁을 일으키겠다'는 서신을 바라나시 왕에게 보냈다.

왕은 대신들을 불러모았다.

"자, 대신들이여! 이제 이 일을 어찌하면 좋겠는가?"

그러자 대신들이 아뢰었다.

"대왕이시여! 처음부터 대왕께서 전쟁에 나아가실 수는 없습니다. 용감한 기사를 내보내어 전투를 하게 해야 합니다. 그것이 뜻대로 되지 않을 때는 다시 새로운 전략을 짜 보겠습니다."

국왕은 대신들이 천거한 용감한 기사를 불러서 물었다.

"그대는 일곱 명의 왕들과 싸울 수가 있겠는가!"

"대왕이시여! 저 신두 산 명마를 데리고 나간다면 일곱 명의 왕들쯤이야 문제되지 않습니다. 잠부 디바[2]에

행운을 불러오는 명마
279

있는 모든 국토의 왕들과도 싸울 수 있습니다."

"훌륭하도다. 저 신두 산 명마를 데리고 갈 것을 허락
하나니 용감히 싸우도록 하라."

"분부대로 거행하겠나이다. 대왕이시여!"

용감한 기사는 국왕에게 경배하고 물러나 왕궁을 나
왔다.

그는 즉시 신두 산 명마를 단단히 무장을 시키고 자
신도 완전하게 무장하고 보검을 허리에 찬 후, 신두 산
명마의 당당한 허리에 올라타고 성을 나왔다.

그리고 흡사 번개같이 말을 달려 첫 번째 진영을 쳐
부수어 왕을 한 사람 생포하고 돌아와 성 안에 있는 군
대에 넘겨준 후, 다시 나아가 두 번째 진영을 쳤고 또다
시 세 번째 진영을 치는 등 이리하여 다섯 명의 왕들을
생포하였다. 그러나 여섯 번째 진영을 쳐서 여섯 번째
왕을 사로잡았을 때에 그 명마는 그만 부상을 입고 말
았다. 피가 끊임없이 흘러내렸고 견딜 수 없는 고통이
엄습했다. 기사는 신두 산 명마가 부상당했다는 사실을
알자 그 말을 왕궁의 문 앞에 눕히고 무장을 풀어서 다
른 말에게 입혔다.

명마는 커다란 몸을 길게 늘이고 누워 두 눈을 부릅
뜨고 기사를 바라보며 생각하였다.

'이 사람은 다른 말에게 무장을 시키고 있지만 이 말
은 일곱 번째 진영을 쳐부수고 일곱 번째 왕을 사로잡

지 못할 것이다. 그러면 내가 한 일은 헛수고가 되어 버리고 말 것이다. 저 뛰어난 기사마저 목숨을 잃게 될지도 모른다. 그뿐인가 국왕도 적의 손아귀에 떨어지고 말 것이다. 나 말고는 일곱 번째 진영을 쳐부수어 그 왕을 생포할 수 있는 말은 없다.'

명마는 이렇게 생각하고 누운 채로 기사를 불러서 이렇게 말했다.

"나의 친구 기사여! 일곱 번째 진영을 쳐부수어 일곱 번째 왕을 사로잡을 수 있는 말은 나 이외에 아무도 없소. 나는 내가 이루어 놓은 일이 헛수고가 되게 내버려 둘 수 없소. 나를 일으켜 세워 무장을 시켜 주시오."

그리고 다음과 같은 게송을 노래하였다.

설령 화살에 맞아 쓰러진다 할지라도
명마는 여느 말보다 그 힘이 뛰어나다.
말을 모는 이여!
내게 어서 무장을 시켜 주시오.

기사는 명마를 일으켜 세워 상처를 묶고 단단히 무장을 한 후, 그 등에 올라탔다. 그리고 일곱 번째 진영을 쳐부수고 일곱 번째 왕을 생포하여 국왕의 진영에 넘겨 주었다. 사람들은 명마를 왕궁 앞으로 데리고 왔다. 국왕은 그 명마를 만나려고 밖으로 나왔다. 명마는 왕에게 아뢰었다.

"대왕이시여! 일곱 명의 왕들을 죽여서는 안 됩니다. 맹세를 하게 한 후에 풀어 주십시오. 또 저와 기사에게 내리실 모든 영예는 저 기사에게 내려주소서. 일곱 명의 왕을 사로잡아 끌고 온 용사를 소홀히 대해서는 안 됩니다. 왕께서도 보시를 행하십시오. 도덕을 지키십시오. 그리고 공정하고 평등하게 왕국을 다스려 주소서."

이렇게 명마가 국왕에게 지켜줄 것을 당부하자 사람들은 명마의 무장을 끌렀다. 명마는 무장이 다 풀어지자 그대로 숨을 거두었다.

국왕은 명마의 장례를 성대히 치른 뒤에 기사에게는 커다란 명예를 내렸다. 나아가 일곱 명의 왕들에게 "침략하거나 넘보지 않겠다"라는 맹세를 하게 한 후 각기 제 나라로 돌려보냈다. 그후 공정하고 평등하게 왕국을 다스려 목숨을 마칠 때에는 업보의 이치에 따라 이 세상을 떠났던 것이다.

부처님께서 전생이야기를 들려주신 뒤에 말씀하셨다.

"비구여! 전생의 지혜로운 이들은 이처럼 정진하였다. 그런데 그대는 끊임없이 생사를 되풀이하는 이 어리석은 길을 벗어나는 훌륭한 가르침에 출가했으면서도 어찌하여 정진하기를 단념하는 것인가!"

그리고 나서 다시 네 가지 성스러운 진리를 말씀하시

자 수행을 단념했던 비구는 그 자리에서 아라한의 경지
에 도달하였다. 부처님께서 그것을 아시고 덧붙여 말씀
하셨다.

"그때의 국왕은 지금의 아난다였으며, 그때의 기사는
사리불이요, 신두 산 명마는 바로 지금의 나였다."

〈쟈타카 23〉

1) 히말라야 산기슭에서 인도양으로 흘러드는 인더스강 유역은 명
   마(名馬)의 산지이므로 그 명마들을 신두 산(産) 명마라 부른
   다.
2) 세계의 중심에 수미산이 있고 그 남쪽에 위치해 있다는 섬이
   며, 현재의 인도 및 그 주변에 해당한다. 당시의 인도인에게는
   이 섬이 현실의 인간이 생활하는 유일한 장소라고 여겨져 왔었
   기 때문에 이곳은 바로 우리가 사는 인간세계를 의미한다.

행운을 불러오는 명마

30. 현명한 난디 비살라

　이 전생이야기는 부처님께서 기원정사에 계실 때 여섯 무리의 비구[1]들이 남을 매도하는 말을 하는 것과 관련해서 말씀하신 것이다.

　당시 여섯 무리의 비구들은 난폭한 행동으로 어질고 착한 비구들을 비웃고 험한 욕설을 퍼붓기를 예사로 하였다. 그러자 어진 비구들은 이 일을 부처님께 말씀드렸다. 부처님께서 그 말을 들으시고 여섯 무리의 비구들을 불러서 물으셨다.

　"비구들이여! 그대들의 행동에 대한 비구들의 말이 사실인가?"

　그러자 그 비구들은 답하였다.

　"예, 사실입니다."

　부처님께서 그런 여섯 무리의 비구들을 꾸짖으시며 말씀하셨다.

"잔혹한 말은 동물들조차 꺼리는 것이다. 과거에도 어떤 동물이 자기에게 잔혹한 말을 퍼붓는 주인에게 천금이나 되는 손실을 입힌 일이 있다."

그리고 비구들의 청에 의해 전생이야기를 들려주셨다.

그 옛날 간다라 왕국의 탓카실라 성에 간다라 왕이 왕국을 다스리고 있었다. 어느 날 바라문 한 사람이 소치는 사람에게 가서 송아지 한 마리를 샀다. 그리고 난디 비살라라는 이름을 지어서 친자식처럼 가까이 두고 사랑을 쏟으며 밥과 죽을 먹이면서 길렀다. 그 소는 어느덧 자라서 생각하였다.

"이 바라문은 고생하며 나를 길러 주었다. 잠부 디바의 모든 국토 가운데 나만큼 짐을 실어 나를 힘센 소는 없다. 내 힘을 보여 주어 이 바라문의 은혜를 갚아야 하리라."

그는 어느 날, 바라문에게 말했다.

"오, 바라문이시여! 소를 가진 장자에게 가서 '내 숫소는 백 대의 수레를 움직일 수 있다'라고 말하시고 천금을 거십시오."

난디 비살라의 말을 들은 바라문은 장자에게 가서 말을 걸었다.

"이 성에서 누구의 소가 제일 힘이 셀 것 같소?"

현명한 난디 비살라

그러자 장자는 그에게 답하였다.

"이러이러한 사람의 소와 또 이러이러한 사람의 소입니다. 그러나 이 성 안에서 내 소를 당해낼 소는 한 마리도 없소."

바라문은 말했다.

"나는 수레를 백 대 이은 것을 움직일 수 있는 소를 알고 있소."

그러자 장자가 물었다.

"그런 소가 대체 어디에 있습니까?"

"내 집에 있습니다."

"그렇다면 내기를 걸겠소."

"좋소. 그렇게 합시다."

마침내 바라문은 장자와 천금의 내기를 걸었다.

그 바라문은 백 대의 수레를 모래며 자갈로 가득 채워서 일렬로 세웠다. 그리고 차축을 밧줄로 전부 연결시켜 놓은 뒤 난디 비살라를 목욕시키고 향기로운 오지인(五指印)[2]을 찍고 꽃목걸이를 거는 등 치장을 시키고서 맨 앞 수레에 소를 묶었다. 그리고 자신은 수레 제일 앞에 앉아서 채찍을 휘두르며 이렇게 소리를 질렀다.

"가자, 허풍쟁이야! 끌어라, 허풍쟁이야!"

그러자 숫소는 수레를 끌기는 커녕 불만에 가득찬 표정으로 네 다리를 기둥처럼 뻗치고 서서 꼼짝도 하지 않았다.

'이 사람은 허풍을 떨지도 않은 나를 '허풍쟁이'라 부르고 있다.'

결국 장자는 바라문에게 천금을 받아갔다.

천금을 날려버린 바라문은 소를 수레에서 끌어낸 후 집으로 돌아갔다. 그는 슬픔을 가누지 못해 그만 자리에 드러눕고 말았다. 난디 비살라는 어슬렁어슬렁 걸어와서 충격을 받아 드러누운 바라문에게 짐짓 물었다.

"바라문이시여! 어찌하여 누워 있습니까?"

"내가 어째서 누워 있을 것 같으냐? 천금을 손해보았기 때문이 아닌가?"

"바라문이여! 내가 당신 집에 온 순간부터 지금까지 무슨 물건이든 하나라도 부순 일이 있습니까? 혹은 무엇이든 마구 짓밟고 다닌 일이 있습니까? 아니면 함부로 똥오줌을 눈 적이 있습니까?"

"아니, 그런 적은 없었다."

"그렇다면 어째서 '허풍쟁이'라는 당치도 않은 말로 나를 불렀습니까? 그것은 당신의 잘못입니다. 내게 잘못은 없습니다. 자, 이제 그와 이천금 내기를 거십시오. 대신 '허풍쟁이'가 아닌 나를 '허풍쟁이'라고 불러서는 안 됩니다."

바라문은 소의 말을 듣고 다시 장자에게 달려가서 이천금의 내기를 걸었다. 그리고 앞서와 똑같이 백 대의 수레를 일렬로 연결하고 난디 비살라를 치장시켜 수레를 끌도록 했다.

바라문은 수레의 가장 앞자리에 앉아서 이번에는 난디 비살라의 등을 쓰다듬으며 이렇게 말했다.

"가자, 슬기로운 자야! 끌어라, 현명한 자야!"

소는 일렬로 연결되어 있는 수레를 단 한숨에 끌어서 제일 끝에 있었던 수레를 맨 앞의 수레가 있던 곳까지 끌고 왔다. 장자는 두 말도 못하고 바라문에게 이천금을 건네 주었다. 뿐만 아니라 다른 사람들도 소에게 수많은 돈과 상품을 주었다. 그 전부가 다른 사람이 아닌 바로 바라문의 것이 되었음은 말할 필요도 없었다.

이렇게 해서 그 바라문은 난디 비살라 덕분에 수많은 재산을 손에 넣었던 것이다.

부처님께서 전생이야기를 들려주신 뒤에 여섯 무리의 비구들을 꾸짖으시고 비구의 생활규범인 계를 설정하셨다. 그리고 노래로 이르셨다.

즐거운 말을 하라.
불쾌한 말은 결코 해서는 안 된다.
즐거운 말을 하는 사람을 위해
소는 무거운 짐을 날라 재산을 가져다주었고
그로 인해 주인은 행복을 얻었다.

그리고 덧붙여 말씀하셨다.

"그때의 바라문은 지금의 아난다였고, 난디 비살라는
바로 나였다."

〈쟈타카 28〉

---

1) 부처님의 법을 어기고 승가의 화합을 깨뜨린 대표적인 여섯
   무리의 비구를 말한다. 이들의 난폭하고 법답지 못한 행동은
   율장의 수많은 계율조항이 생겨나게 된 동기를 제공하기도 하
   였다.
2) 좋은 결과를 불러오도록 의식을 갖추어 붙이는 표식으로, 전단
   이나 방향(芳香) 등의 용액을 다섯 손가락에 발라서 손을 펼친
   채로 소의 머리 등에 눌러 손자국을 내는 것이다.

31. 거만한 하인

이 전생이야기는 부처님께서 기원정사에 계실 때 장로 사리불의 제자와 관련해서 말씀하신 것이다.

그 비구는 온순한 성품으로 언제나 상냥하고 은근한 말을 하였으며 장로를 정성을 다하여 받들었다. 어느 날 장로 사리불은 부처님께 작별을 고하고 다른 지방으로 떠났다. 그런데 그 비구는 그곳에 도착하자 갑자기 거만해져서 장로의 말을 전혀 따르지 않았다.

장로가 하지 말라는 일도 일부러 더 하였고 번번이 반발하였다. 장로 사리불은 그런 비구의 태도를 이해할 수 없었다. 우여곡절 끝에 그들은 그곳에서 탁발을 모두 마친 뒤에 다시 기원정사로 돌아왔다. 그런데 기원정사로 돌아오자마자 그 비구는 언제 그랬냐는 듯이 예전의 상냥한 태도로 장로 사리불에게 봉사하였다.

그러자 장로는 이 일을 부처님께 아뢰었다.

"세존이시여! 저의 한 제자는 어떤 곳에서는 마치 백금을 주고 산 하인과도 같이 공손하고 상냥하지만, 어떤 곳에서는 거만하기 이를 데 없는 사람으로 변해버리고 맙니다."

부처님께서 사리불에게 말씀하셨다.

"사리불이여! 그 비구가 그같은 태도를 보인 것은 지금의 일뿐만이 아니다. 그는 과거에도 지금과 똑같은 행동을 하였던 것이다."

사리불이 부처님께 그 전생이야기를 들려주십사 간청하자 부처님께서 말씀하셨다.

옛날, 바라나시에 브라흐마닷타왕이 왕국을 다스리고 있었을 때의 일이다. 어느 대부호가 매우 나이 어린 아내와의 사이에 아들을 두었다. 하지만 그 부호는 이미 나이가 들었기에 고민에 잠겼다.

'이 여자는 아직 젊디젊다. 내가 죽은 후에 필시 다른 남자를 데리고 와서 재산을 독차지해 버릴 것이 틀림없다. 그리고 내 아들에게는 주지 않을 것이다. 그렇다면 이 재산을 땅속에 묻어야겠다.'

그는 집에 있는 난다라고 하는 하인을 데리고 숲 속의 어느 장소에 가서 그 재산을 다 파묻었다. 그리고 하인에게 설명하였다.

"난다여! 모쪼록 이 숲을 남에게 이야기하지 말고, 내가 죽은 뒤에 이 재산에 관한 일을 내 아들에게 알려주기 바란다."

이렇게 하인에게 잘 이른 후에 얼마 지나지 않아 그는 숨을 거두었다.

세월이 흘러 그의 아들은 차츰 자라나 성인이 되었다. 그러자 어머니는 아들에게 말하였다.

"너의 아버지는 하인 난다를 데리고 어딘가에 재산을 묻어 버렸다. 그것을 하인에게서 돌려받아 집안을 다시 일으키거라."

그는 어느 날 난다에게 말했다.

"할아범! 내 아버지가 재산을 묻어 둔 것이 있소?"

"있습니다. 나리."

"그렇다면 가지러 갑시다."

그들은 연장을 들고 재산이 묻혀 있는 곳으로 출발했다. 그리고 아들은 말했다.

"할아범, 재산은 어디에 있소?"

그런데 난다는 숨겨둔 재산 바로 위에 올라서자 거만한 마음이 일어났다.

"야, 이 하녀의 자식아! 버릇없는 녀석아! 이런 곳에 어찌 네 재산이 있겠냐?"

하인은 이렇게 지체높은 집안의 아들에게 욕을 퍼부었다.

그러자 그 아들은 하인의 난폭한 말을 들어도 듣지

못한 것처럼 그냥 그를 데리고 집으로 돌아왔다. 그리고 또 이삼 일이 지나자 다시 찾아나섰다. 그렇지만 난다는 앞서와 똑같이 난폭한 욕설을 마구 퍼붓는 것이었다. 그 아들은 그와 욕설을 주고받는 일없이 집으로 돌아왔다.

그러자 그 지체높은 집안의 아들은 '이 하인은 지금부터 재산에 관해 이야기해 주겠다고 말해서 찾아가 보면 욕설만을 퍼부었다. 그 이유를 알지 못하겠구나. 하지만 내 아버지의 부유한 친구가 아직 살아 계시다. 그분에게 여쭈면 될 것이다'라고 생각하고 아버지의 친구였던 부호의 집으로 가서 지금까지 있었던 일을 전부 말씀드리며 방법을 물었다.

그러자 부호는 넌지시 일러주었다.

"아들이여! 난다가 멈춰 서서 그대를 욕하는 그 장소야말로 틀림없이 그대의 아버지가 소유하고 있던 재산을 묻어 둔 장소일 것이다. 그렇다면 오늘 밤, 난다가 그대를 욕한다면 바로 그때 '자, 난다여! 뭘 그리 욕하는가!' 하고 말하면서 그를 잡아끌고 괭이로 그곳을 파헤쳐 보아라. 그리고 집안의 재산을 찾아내거든 하인에게 끌어내게 해서 집으로 가지고 가라."

그리고 이어서 다음과 같은 게송을 노래하였다.

여기에 황금산이 있고

황금둘레가 있다고 생각된다.
집에서 태어난 하인 난다가 멈춰 서서
큰소리를 지르는 장소이니까.

지체높은 집안의 아들은 부호에게 예를 올리고 집으로 돌아왔다. 그리고 난다를 데리고 재산이 숨겨져 있는 곳으로 가서 가르쳐 준 대로 그 재산을 가지고 돌아왔다.

그리하여 집안을 다시 일으킨 후 부호의 가르침대로 보시 등의 덕행을 하다 목숨이 마칠 때에는 업보의 이치에 따라 이 세상을 떠났던 것이다.

부처님께서 이렇게 전생이야기를 들려주신 뒤에 덧붙여 말씀하셨다.
"그때의 난다는 지금의 사리불 장로의 제자였다. 그리고 지혜롭던 부호는 바로 나였다."

〈쟈타카 39〉

32. 동산을 망가뜨린 원숭이

이 전생이야기는 부처님께서 코살라국의 어느 마을에서 동산을 망가뜨린 사람과 관련해서 말씀하신 것이다.

부처님께서 코살라국을 다니시며 탁발하시다 어느 마을에 당도하셨다. 그러자 어느 집의 주인이 부처님과 제자들께 자신의 동산에 머물기를 청하였다. 주인의 청에 응해 비구들은 정원사를 데리고 동산을 이리저리 산책하다가 빈 터가 있는 것을 보고 의아하게 생각하여 그 정원사에게 물었다. 그러자 정원사가 답하였다.

"이 정원에 나무를 심을 때 한 젊은이가 물을 주었습니다. 그런데 그 젊은이는 물을 줄 때 묘목을 뿌리째 뽑더니 뿌리의 크고 작음에 따라 물을 주었던 것입니다. 그래서 묘목들은 시들어 말라버렸고 지금은 아예 이렇게 빈 터가 되었습니다."

비구들이 그 말을 듣고 부처님께 말씀드렸다. 그러자

부처님께서 비구들에게 이르셨다.

"비구들이여! 그 마을의 젊은이가 동산을 망가뜨린
일은 이번뿐만이 아니다. 과거에도 동산을 망가뜨린 적
이 있다."

그리고 비구들의 청에 의해 그 전생이야기를 들려주
셨다.

그 옛날 바라나시에 브라흐마닷타왕이 왕국을 다스리
고 있었을 때의 일이다. 마침 바라나시에서는 별자리
축제가 열릴 참이었다. 성 안의 모든 사람들은 축제를
알리는 큰 북소리를 들은 다음부터 축제에 정신이 팔려
서 사뭇 들떠 있었다.

그때 왕국의 동산에는 많은 원숭이들이 살고 있었다.
정원사는 생각했다.

"성에서는 축제분위기에 온통 들떠있다. 이 원숭이들
에게 물을 주라고 일러 놓고 나도 축제를 즐기러 가야
겠다."

그래서 원숭이의 대장이 있는 곳으로 가서 말했다.

"이 동산은 그대들에게도 매우 유용한 것으로 여기에
서 그대들은 꽃이며 열매나 어린 싹을 먹고 살아가고
있다. 성에서는 별자리의 축제가 있다고 떠들썩해 있다.
나는 축제를 즐기고자 한다. 내가 돌아올 때까지 이 동
산에 있는 묘목에 물을 주지 않겠는가?"

"좋습니다. 그렇게 하겠습니다."

"그러면 게으름 피우지 말고 물을 주어라."

원숭이들은 가죽부대와 물뿌리개로 물을 주기 시작했다.

그때 원숭이 대장은 원숭이들에게 말했다.

"여러분! 물은 매우 소중한 것이다. 그대들은 묘목에 물을 줄 때, 뿌리를 모두 뽑아서 그 뿌리를 잘 살펴보아 깊은 곳까지 뻗어 있던 것은 물을 많이 주고, 그다지 깊게 뿌리내리지 못한 것은 물을 아주 조금 주도록 하라. 그러면 우리에게도 이 귀중한 식수가 남게 될 것이다."

"좋습니다."

그 원숭이들은 동의하고 대장의 명령대로 하였다.

마침 그때, 어느 지혜로운 사람이 정원에서 원숭이들이 그렇게 물주고 있는 것을 보고 말했다.

"아니, 너희들은 어찌하여 묘목을 모조리 뽑아서 뿌리의 길이에 맞추어 물을 주고 있는가?"

그 원숭이들은 대답했다.

"우리는 우리 대장이 시키는 대로 하고 있는 것입니다."

그 사람은 이 말을 듣고 탄식하였다.

"아! 참으로 한탄할 일이로다! 어리석고 지혜 없는 자들은 이익되는 일을 한답시고 전혀 이롭지 못한 일만을 하고 있을 뿐이로다!"

그리고 이어서 다음과 같은 게송을 노래하였다.

이익되는 일은 매우 쓸모가 있는 일이지만
어리석은 자는 이로운 일을 망칠 뿐이미
전혀 행복을 가져오지 않는다.
마치 동산을 망가뜨린 원숭이들처럼.

이렇게 지혜로운 사람은 게송으로 대장 원숭이를 꾸짖고 나서 자신의 친구들과 함께 정원을 떠나갔다.

이렇게 전생이야기를 들려주신 뒤 부처님께서는 덧붙여 말씀하셨다.
"그때의 원숭이 대장은 지금의 동산을 망가뜨린 그 젊은이였다. 그리고 지혜로운 사람은 바로 나였다."

〈쟈타카 46〉

33. 결혼을 망친 별자리

　　이 전생이야기는 부처님께서 기원정사에 계실 때 어느 발가벗은 고행자와 관련해서 말씀하신 것이다.

　　어떤 마을에 살고 있는 양가집 사람이 자기 아들을 결혼시키려 하였다. 그런데 그는 사전에 발가벗은 고행자에게 상의하지 않았다. 그러자 고행자는 앙심을 품고 엉터리 별점을 쳐서 그 결혼을 깨고 말았다.

　　비구들이 이 사실을 전해듣고 법당에 모여 앉아 이야기를 나누고 있었다. 그러자 그 곳으로 부처님께서 오셔서 물으셨다.

　　"비구들이여! 지금 무슨 이야기를 하며 모여 있는가?"

　　비구들이 마을의 이야기를 들려드리자 부처님께서 말씀하셨다.

　　"발가벗은 고행자가 그 결혼을 훼방놓은 일은 지금의

일만이 아니다. 그는 과거에도 똑같이 마을 사람들에게 앙심을 품고 결혼을 망친 일이 있었던 것이다."

그리고 이렇게 전생이야기를 들려주셨다.

그 옛날, 바라나시에 브라흐마닷타왕이 왕국을 다스리고 있을 때 성 안의 어떤 사람이 마을의 처녀와 결혼하기로 하였다. 그리하여 날짜를 정한 뒤에 자기 집안의 친구인 발가벗은 고행자에게 물어 보았다.

"스승이시여! 오늘 우리가 잔치를 벌이려 하는데 별자리는 길하고 순조롭겠습니까?"

그러자 고행자는 은근히 화가 났다.

'이 녀석은 제멋대로 날짜를 정해놓고 이제와서 내게 묻고 있구나. 어디 결혼을 할 수 있는지 두고 보자.'

그리고 나서 진지한 얼굴로 이렇게 말했다.

"오늘 별자리가 매우 불길합니다. 만일 오늘 잔치를 벌인다면 엄청난 파경을 맞을 것입니다."

그 성 안의 사람들은 그의 말을 믿고 출발하지 않았다.

마을 사람들은 그가 오지 않자 분노를 터뜨렸다.

"저 사람들은 오늘로 날짜를 정해 놓고서도 오지 않았다. 대체 저 사람들은 우리를 뭘로 보고 그런 짓을 한단 말인가!"

그리고 나서 다른 사람에게 딸을 주었다.

성 안의 사람들은 그 다음 날 마을로 가서 딸을 달라고 하였다. 마을 사람들은 말했다.

"당신들 성 안의 사람들은 몰염치하기 짝이 없는 이들이오! 날짜를 정해 놓고서 그날 데리러 오지 않았소. 우리는 당신이 오지 않아서 딸을 다른 사람에게 보내 버렸소."

"우리는 발가벗은 고행자에게 물어 보니 별자리가 불길하다고 했기 때문에 오지 않았던 것입니다. 어쨌든 규수를 주십시오."

"우리는 당신들이 오지 않았기 때문에 다른 사람에게 주어 버렸소. 출가해 버린 딸을 어떻게 다시 데려오겠소?"

이리하여 그들이 싸움을 벌이고 있을 때에 성 안에 살고 있는 어느 지혜로운 사람이 용무가 있어 마을로 왔다. 그는 성 안의 사람들이 발가벗은 고행자에게 물어서 별자리가 불길하다고 했기 때문에 오지 않았다고 말하는 것을 듣고 생각에 잠겼다. '별자리가 대체 무슨 이익이 되는 것일까? 규수를 데려가는 것이 바로 별자리가 길상한 것은 아닐까?'

그리고 다음과 같은 게송을 노래하였다.

별자리를 기다리고 있는 어리석은 자에겐
이로움이 못 본 체 지나쳐 간다.

결혼을 망친 별자리

실제의 이익됨이 곧 이로움 있는 별자리이거늘
별이 무슨 상관 있으랴.

성 안의 사람들은 한바탕 싸움을 하고 끝내는 규수를
얻지 못한 채 돌아갔다.

부처님께서 전생이야기를 들려주신 뒤에 덧붙여 말씀
하셨다.
"비구들이여! 그때의 그 발가벗은 고행자는 지금의
그 고행자였다. 그리고 혼사가 오가던 두 집안도 지금의
두 집안이었다. 게송을 노래하였던 지혜로운 사람은 바
로 나였다."

〈쟈타카 99〉

34. 야차녀의 유혹에서 건져준 말

이 전생이야기는 부처님께서 기원정사에 계실 때 아름다운 여인의 유혹에 빠져 출가생활에 싫증을 낸 어느 비구와 관련해서 말씀하신 것이다.

부처님께서 그 비구를 꾸짖으며 말씀하셨다.

"비구여! 여인들이란 자신의 용모와 자태, 목소리와 손길로 온갖 교태를 부려 남자들을 유혹하여 자신의 포로로 만들어버린다. 그리고 남자가 자신의 포로가 된 것을 알면 정조를 지키지 않고 재산을 탕진하는 일도 서슴지 않는다. 과거에도 야차녀들이 유혹의 손길을 뻗어서 상인들을 욕정에 빠뜨린 일이 있었다."

그리고 비구들의 청에 따라 그 전생이야기를 들려주셨다.

그 옛날 탄바판니(실론) 섬에 실리사 밧투라고 하는

야차의 성이 있었다. 그곳에는 야차녀들이 살고 있었다. 그 야차녀들은 조난당한 상인들이 밀려오면 아름답게 차려 입고 온갖 맛있는 음식과 함께 수많은 하녀를 거느리고 아이들을 안고 상인들에게 다가서는 것이다.

그리고 조난당한 상인들이 사람이 사는 마을로 온 것처럼 여기도록 여기저기에 논과 밭, 목장과 목동이며 개들을 만들어 놓았다.

뿐만 아니라 여인들은 상인들에게 다가가 음식을 권하기도 한다.

"이 죽을 마시세요. 이 밥과 맛난 음식들을 잡수십시오."

그러면 상인들은 아무것도 모른 채 그 여인들이 주는 것을 맛있게 먹으며 포만감에 나른해져 있을 때 여인들은 다정하게 말을 건네는 것이다.

"당신들은 어디에 살고 있는 분들입니까? 어디에서 오셨습니까? 어디로 가시던 길이었습니까? 무슨 용무로 이곳에 오셨습니까?"

"조난당하여 이곳으로 오게 되었습니다."

이렇게 상인들이 말하면 여인들은 반색을 하며 대꾸한다.

"아주 잘 되었습니다. 여러분! 우리 남편들도 배를 타고 나간 지 3년이 지나버렸습니다. 남편들은 아마 죽었을 것입니다. 당신들도 똑같은 상인입니다. 우리는 당신의 아내가 되겠습니다."

이렇게 말하고 유혹의 손길을 내밀어 교태를 부려 그 상인을 유혹하여 야차 성으로 데려간다. 그리고 만일 그 때까지 붙잡혀 있는 남자들이 있다면 그 남자들을 마법의 사슬로 묶어서 고통스러운 지옥에 처넣는다. 하지만 만일 자기들이 살고 있는 곳으로 조난당한 남자들이 떠내려오지 않을 경우에는 카리야니강에 나가 해안선을 헤매며 걸어다니는 것이다. 이것이 저 야차녀들의 습관인 것이다.

그런데 어느 날, 오백 명의 상인들이 조난을 당해 야차녀들의 성 근처까지 흘러오게 되었다. 야차녀들은 그들이 가까이 오자 그들을 유혹하여 야차 성으로 데려갔다. 그리고 그때까지 붙잡혀 있던 남자들을 마법의 사슬로 묶어 고통스러운 지옥으로 처넣고 나서 우두머리 야차녀는 대상 가운데 우두머리를, 그 외의 야차녀는 다른 대상들을 상대하여 오백 명의 상인들을 각각 자기의 남편으로 삼았다.

그 우두머리 야차녀는 한밤중에 상인들이 잠들어 있는 사이에 일어나 고통의 감옥에서 남자들을 죽여 그 고기를 먹고는 돌아왔다. 다른 야차녀들도 역시 똑같은 방법으로 하였다. 그런데 남자의 살을 먹고 돌아왔을 때 우두머리 야차녀의 몸은 아주 차가워졌다.

그러자 상인의 우두머리는 껴안고 있던 여인이 야차

녀임을 알아차렸다.

'저 오백 명의 여인들도 야차녀임에 틀림없다. 도망가지 않으면 안 되겠다.'

다음 날 아침 일찍 세수를 하러 나왔을 때, 다른 상인들에게 설명하였다.

"이 여인들은 야차녀이지 인간이 아니다. 또 다른 조난당한 사람들이 올 때면 그들을 남편으로 삼고 우리를 잡아먹을 것이다. 자, 어서 빠져 나가자."

그러자 상인들 가운데 250명의 사람들은 반대했다.

"우리는 저 여인들을 버리고 갈 수 없습니다. 당신들은 가십시오. 우리는 가지 않겠습니다."

우두머리인 상인은 자기의 말을 따르는 250명의 상인만을 데리고 그 여인들을 피하여 도망쳤다.

한편, 그때 그곳에는 구름같이 하얀 말이 살고 있었다. 온몸이 새하얗고 새와 같은 머리를 하고 있었으며 문쟈 풀과 같은 갈기를 하고 초인적인 힘으로 하늘을 날 수가 있었다. 그 말은 히말라야에서 하늘로 날아올라 탄바판니 섬으로 향하여 그곳의 자그마한 탄바판니 호수에서 야생 쌀을 먹고 돌아가려던 참이었다.

그 말은 돌아가려고 할 즈음에 "인간세계로 돌아가고 싶은 자가 있는가?" 하며 사랑으로 가득 찬 인간의 목소리로 세 번을 거듭 말하였다.

그러자 그들 250명의 상인들은 그 운마의 목소리를

들고 다가가 합장하고 애원하였다.

"주인이시여! 우리들은 인간의 세계로 돌아가고자 합니다."

"그렇다면 내 등에 올라타라."

그러자 어떤 사람들은 허리에 올라타고 또 어떤 사람들은 꼬리에 매달렸으며 어떤 사람들은 합장한 채로 서 있었다. 말은 합장하고 서 있는 사람들까지도 모두 포함하여 그 250명의 상인 전부를 초인적인 힘으로 인간계로 데리고 와서 각자가 살던 곳에 내려놓고 자기의 거주지로 돌아갔다.

한편 저 야차녀들은 다른 사람들이 파도에 휩쓸려오자 그곳에 남아 있던 250명의 사람들을 모두 잡아먹어 버렸다.

부처님께서 이렇게 전생이야기를 들려주신 후에 말씀하셨다.

"비구들이여! 야차녀들의 포로가 되었던 앞서의 상인들은 마침내 죽음을 당하고 말았지만 하늘을 나는 말에 의지한 상인들은 자신의 집으로 돌아갈 수 있었다. 그와 마찬가지로 부처님이 비유로써 가르친 것을 받아들이지 않는 사람은 출가와 재가를 가리지 않고 고통의 세계에서 형벌을 받을 것이다. 하지만 가르침을 받들어 잘 따른 사람은 안온한 열반을 순식간에 체득하여 위대한 안락함을 얻게 될 것이다."

그리고 게송을 노래하셨다.

부처님이 설하신 비유를 잘 지키지 않는 사람은
파멸에 이를 것이니
야차녀로 인해 그리 된 상인들을 보라.

부처님이 설하신 비유를 잘 지킨 사람은
편안한 저 언덕에 이를 것이니
말에 의지한 상인들을 보라.

그리고 진리를 설하시니 출가생활에 싫증을 내었던
비구는 예류과를 얻었다. 뿐만 아니라 그 자리에 모여
있던 수많은 비구들은 예류과와 일래과, 그리고 불환과
와 아라한과를 얻었다. 부처님께서 비구들이 진리의 문
에 들어섰음을 아시고 말씀하셨다.

"그때 말의 충고를 들은 250명의 상인들은 지금의 나
의 제자들이요, 그 하늘을 나는 말은 바로 나였다."

〈쟈타카 196〉

35. 토끼의 공양

이 전생이야기는 부처님께서 기원정사에 계실 때 모든 생활용품의 보시와 관련해서 말씀하신 것이다.

사위성의 한 장자가 부처님을 위시한 승단을 7일 동안 모시고 온갖 공양을 올렸다. 부처님께서 그런 그의 공양에 고마움을 표하시면서 말씀하셨다.

"우바새여! 그대는 기뻐하라. 이러한 보시는 실로 옛날의 지혜로운 이들의 전통이다. 옛날의 지혜로운 이들은 찾아온 걸식승을 위해 목숨을 던져 자신의 살점까지도 내놓았던 것이다."

그리고 비구들에게 전생이야기를 들려주셨다.

그 옛날, 바라나시에 브라흐마닷타왕이 왕국을 다스리고 있었을 때의 일이다. 그 왕국에는 산악이 울창해 있었고 한편에는 강이, 그리고 또 한편에는 변두리 마을

이 있었다. 울창한 숲에는 토끼와 원숭이, 들개, 그리고 수달 들이 사이좋게 지내며 살고 있었다. 그들 네 마리는 지혜로운 이들로서 함께 살면서 낮에는 자기 자신의 먹이터에서 식사를 하고 저녁에는 함께 모였다.

토끼는 가장 품성이 너그러워서 세 마리 친구들에게 진리를 가르쳤다.

"보시를 행하고 계율을 지키며 포살을 행하기를 실천해야 한다." 그리고 다른 세 마리에게 계율을 주면서 법을 설하였다.

그 세 마리는 토끼의 계율을 잘 듣고서 각자가 거처로 하는 숲에 들어가 살고 있었다.

이렇게 시간은 흘렀다. 그러던 어느 날, 토끼는 하늘의 달을 살피다가 내일이 포살회(布薩會) 하는 날임을 알고 다른 세 마리에게 말하였다.

"내일은 포살일이다. 너희들 세 마리도 계를 받고 포살회에 참가하여라. 계를 굳게 지키고 보시를 행하면 커다란 과보가 있을 것이다. 걸식승이 찾아온다면 그대들의 음식을 꺼내어 공양올리도록 해야 한다."

"네! 그렇게 하겠습니다." 그 세 마리는 동의하고 각자의 거주지로 돌아갔다.

그리고 그 다음날이었다. 그들 가운데 수달이 제일 먼저 일어나 먹이를 찾으러 강가에 도착했다.

그런데 그 무렵 어느 어부가 일곱 마리의 빨간 물고

기를 낚아 올려 덩굴풀로 꿰어 강가 주위에 모래로 덮어 숨겨둔 뒤 물고기를 잡으러 내려갔다.

수달은 냄새를 맡고 모래를 파헤쳐 물고기를 찾아내 끌어내고는 "이것의 주인이 있습니까?" 하고 세 번 소리쳤다. 그러나 그 주인이 나타나지 않으므로 덩굴을 입에 물고 가져와 자기가 거처하는 숲에 두고 때가 되면 먹기로 하고 자신의 계를 반성하고는 잠들었다.

들개도 나가서 먹이를 찾아다니다 논지기의 오두막에서 두 묶음의 고기와 도마뱀과 우유 한 병을 발견하고 "이것의 주인이 있습니까?" 하며 세 번 외쳤다. 그러나 그 주인이 나타나지 않으므로 우유병 끈을 목에 걸고 고깃덩이와 도마뱀은 입에 물고 돌아와 자신의 거처인 숲에 두고 때가 되면 먹기로 하고 자신의 계를 반성하고는 잠들었다.

원숭이도 또한 삼림의 나무숲에 들어가 망고열매를 갖고 돌아와 자신의 거처에 두고 때가 오면 먹기로 하고 자신의 계를 반성하면서 잠들었다.

그런데 토끼는 자신의 숲에 누워서 생각하였다.

'때가 되면 나가서 쿠사 풀[1]을 먹자.'

'나에게로 온 걸식승에게 풀을 내어 줄 수는 없다. 내게는 호마(胡麻)나 쌀도 없다. 만일 걸식승이 나를 찾아온다면 내 몸을 내어 주어야겠다.'

그의 계율의 열기로 인해 제석천[2]의 황백색 모포와

토끼의 공양
311

같은 돌의자가 달아올랐다. 그 원인을 알아채고 토끼왕을 시험해 보고자 생각하여 처음에는 수달이 사는 곳으로 가서 바라문의 모습으로 변하여 서 있었다.

수달이 물었다.

"바라문이여! 무엇 때문에 서 계십니까?"

바라문은 답하였다.

"어진 이여! 만일 뭔가 먹을 것을 주신다면 포살회에 참가해서 출가인의 도를 실천하고자 합니다."

그 수달은 말하였다.

"좋습니다. 당신께 먹을 것을 내어 드리겠습니다." 그리고 그 바라문에게 이야기를 건네면서 첫 번째 게송을 노래했다.

내게는 일곱 마리의 빨간 물고기가
육지로 올라와 있습니다.
바라문이여! 내게는 이것이 있습니다.
이것을 잡수시고 삼림에서 머물다 가십시오.

"여하튼 내일 아침까지 그대로 두어 두십시오. 후에 그것을 생각해 보겠습니다."

바라문은 이렇게 말하고서 들개가 있는 곳으로 갔다.

들개도 역시 그 바라문에게 두 번째 게송을 노래하였다.

내게는 논지기의 저녁식사가 운반되어 있습니다.
두 뭉치의 고기와 도마뱀과 우유입니다.
바라문이여! 내게는 이것이 있습니다.
이것을 잡수시고 삼림에서 머물다 가십시오.

바라문은 말하였다.
"어쨌든 내일 아침까지 그대로 두어 두십시오. 후에
그것을 생각해 보겠습니다." 그리고 이어서 원숭이 있는
곳으로 갔다.
그 원숭이도 또한 흔쾌하게 답하였다.
"좋습니다. 내어 드리겠습니다." 그리고 이어서 그
바라문에게 세 번째 게송을 노래하였다.

망고열매와 차가운 물
그리고 기분좋은 나무그늘
바라문이여! 내게는 이것이 있습니다.
이것을 잡수시고 삼림에서 머무십시오.

바라문은 역시 "어쨌든 내일 아침까지 그대로 두어
두십시오. 후에 그것을 생각해 보겠습니다"라고 말하고
현명한 토끼가 있는 곳으로 갔다.
그 토끼에게서도 "무엇 때문에 서 계시는 겁니까?"
하는 물음을 받자 똑같은 대답을 하였다.

토끼의 공양

바라문의 대답을 듣자 토끼는 마음에 기쁨이 가득 차올랐다.

"바라문이여! 당신이 먹을 것을 구하러 제가 있는 곳에 오셨다니 참으로 잘되었습니다. 오늘은 제가 지금까지 내어 놓은 일이 없던 것을 보시하고자 합니다. 자! 이제 당신은 장작을 모아서 불을 지핀 후에 제게 알려 주십시오. 저는 이 몸을 던져 그 불 속으로 뛰어들겠습니다. 제 몸이 적당히 구워지면 당신은 고기를 먹고 출가인의 도를 실천해 주시기 바랍니다." 이렇게 말하면서 그 바라문에게 네 번째 게송을 노래하였다.

토끼에게는 참깨도 없고
콩도 없으며 쌀도 없습니다.
이 불로 적당히 구워진
저를 잡수시고
삼림에서 묵고 가십시오.

제석천인 바라문은 그의 말을 듣고 자신의 신통력으로 활활 타오르는 불을 만들어 토끼에게 알렸다. 그 토끼는 닷바 풀로 만든 침상에서 일어나 그 불이 있는 곳으로 가서 이렇게 말하였다.

"만일 내 몸의 구멍에서 사는 것이 있다면 그것들은 죽어서는 안 된다."

그리고 나서 몸을 세 번 흔들고 온몸을 보시하기 위해 기쁜 마음으로 타오르는 불 속으로 떨어졌다.

　　그런데 그 불은 토끼의 털구멍 하나조차도 태울 수가 없었다. 마치 눈 속으로 떨어진 것과도 같았다.

　　그러자 그는 제석천인 바라문을 향하여 물었다.

　　"바라문이여! 당신이 지핀 불은 너무나 차가워 내 몸의 털구멍조차도 태우지 못합니다. 이는 대체 어찌된 일입니까?"

　　"어진 이여! 나는 바라문이 아닙니다. 제석천입니다. 당신을 시험하기 위해 내려왔습니다."

　　"제석천이시여! 당신은 차치하고라도 설사 모든 중생이 저의 보시를 시험해 본다 해도 제가 보시를 꺼려하는 경우는 절대로 없을 것입니다."

　　토끼는 말하였다.

　　그러자 제석천은 그 토끼를 찬양하며 말하였다.

　　"현명한 토끼여! 그대의 덕이 영겁토록 세상에 널리 알려지이다." 그리고 이어서 산을 압축시켜 산의 즙을 짜내어 달의 표면에 토끼의 모습을 그려넣고 나서 토끼를 불러 그 삼림에서 자라는 싱싱한 닷바 풀 위에 그를 누이고 자신은 신의 거처로 되돌아갔다.

　　그 네 마리의 현명한 이들은 서로 의좋고 화기애애하게 지내며 계를 실천하고 포살행을 실천하여 각자의 업에 따라 전생하였다.

토끼의 공양

부처님께서 이렇게 전생이야기를 들려주신 후에 진리
를 설하셨다. 그러자 그 장자는 예류과에 도달하였다. 부
처님께서 이어서 말씀하셨다.

"그때의 수달은 지금의 아난다였다. 들개는 목건련이
고 원숭이는 사리불이었다. 그리고 몸을 불태웠던 토끼
는 바로 나였다."

〈쟈타카 316〉

1) 종교의식에 사용되는 성스러운 풀.
2) 인드라 신. 후에 불교로 수용되어져 범천(브라흐마)과 함께 불
   법을 수호하는 수호신이 된다. 삭카라고도 한다.

36. 왕을 깨우친 원숭이

이 전생이야기는 부처님께서 기원정사에 계실 때 그 일족을 위해 행동하신 것과 관련해서 들려주신 것이다. 부처님께서 비구들에게 말씀하셨다.

"비구들이여! 그 일은 지금에만 한정된 것이 아니다. 과거에도 진리에 도달한 어진 사람은 일족을 위해 행동했던 것이다."

그리고 그 전생이야기를 들려주셨다.

그 옛날 바라나시에 브라흐마닷타왕이 왕국을 다스리고 있었을 때 원숭이의 무리를 거느리는 원숭이왕이 한 마리 있었다. 그 원숭이왕은 기골이 장대하고 몸둘레도 넉넉하였고 힘세고 위엄있어 8만 마리도 넘는 원숭이 무리를 거느리며 히말라야의 어느 지역에 살고 있었다. 그곳 강 주변에는 초목이 우거졌는데 나뭇잎이 무성하여 산 정상과도 같이 우뚝 솟은 암바(망고)나무가 있었다. 사람들은 '니그로다나무'라고도 불렀다.

그 나무의 과일은 향과 맛이 기막혔으며 크기는 커다란 물병만큼이나 되는 큰 것이었다. 그 나무의 한쪽 가지에 매달린 열매는 강가 위로 늘어지고 또 한쪽 가지에 매달린 것은 강물 속으로, 그리고 다른 두 가지에 매달린 열매는 나무의 뿌리 있는 곳까지 적당히 늘어져 있었다.

원숭이 왕은 무리와 함께 그 나무 있는 곳까지 와서 열매를 먹다가 생각에 잠겼다.

'이 가운데 물 속으로 늘어진 몇 개의 열매 때문에 우리에게 뭔가 좋지 못한 일이 일어날 것이다.'

그리고 나서 수면에 늘어진 가지의 열매를 하나도 남김없이 꽃피는 시기에, 또한 병아리 크기의 열매가 맺는 시기에 모두 먹어치우게 하고 떨어뜨리도록 하였다.

그럼에도 불구하고 개미가 만든 자루모양의 잎에 가리워 8만 마리의 원숭이들이 미처 발견하지 못한 열매 하나가 익어가고 있었다. 그것은 강으로 떨어져 바라나시 왕이 위아래로 그물을 치고 목욕을 즐기고 있을 때 그 위의 그물에 걸렸다. 왕이 하루를 즐기고 나서 저녁 무렵 돌아올 때에 어부가 그물을 걷다가 그 열매를 발견하고 왕에게 보여주었다.

"이것은 무슨 열매인가?" 왕은 물었다.

"저도 모르겠나이다. 대왕이시여!"

"누가 알고 있겠는가?"

"삼림관들은 알고 있을 것입니다. 대왕이시여!"

왕은 삼림관들을 불러 그들로부터 '암바열매'라는 대답을 듣고 작은 칼로 과일을 잘라 먼저 삼림관들에게 먹인 후에 자신도 먹었다. 후궁의 여인들에게도, 또한 대신들에게도 나누어 주었다. 잘 익은 암바의 맛이 왕의 전신을 타고 흘러내렸다.

왕은 열매의 맛에 홀리어 그 나무가 있는 곳을 삼림관들에게 물었다.

"히말라야 지역의 강가입니다."

삼림관들이 이렇게 아뢰자 수많은 목재를 서로 이어 뗏목을 만들어 타고 삼림관들이 가르쳐 준 길을 따라 강 상류 쪽으로 거슬러 올라갔다. 며칠이 걸렸을까, 이윽고 그곳에 도착하였다.

"이것이 그 나무이옵니다. 대왕이시여!"

삼림관들이 왕에게 설명했다.

왕은 배를 멈추게 하고 수많은 사람들을 거느리고 그곳까지 걸어갔다. 그리고 나무 아래에 침상을 준비하도록 하고 잘익은 암바열매를 먹으며 온갖 으뜸가는 맛을 즐기며 누워 있었다. 또한 사방에 파수꾼을 세우고 불을 지폈다.

원숭이왕은 사람들이 잠들자 한밤중에 원숭이 무리들

과 함께 돌아왔다. 8만 마리의 원숭이들은 가지에서 가지로 건너다니면서 암바열매를 먹었다.

때마침 왕이 잠깨어 원숭이떼를 발견하고 사람들을 일으켜서 궁사들을 불러왔다. 그리고 궁사에게 명하였다.

"이 과일을 먹고 있는 원숭이들이 도망가지 못하도록 놈들을 포위하여 사살하라. 내일은 암바열매에다가 원숭이 고기까지 먹기로 하자."

궁사들은 왕의 명을 받고 나무를 에워싸고 활을 겨누며 섰다.

그 궁사들을 보자 원숭이들은 공포에 질려 부들부들 떨었다. 그들은 원숭이왕에게로 다가가 겁에 질려 물었다.

"대장! 궁사들이 도망가는 우리를 죽이려고 나무를 에워싸고 있습니다. 어떻게 해야 할까요?"

"두려워마라. 내가 너희들의 목숨을 구해 주리라."

원숭이왕은 이렇게 말하며 무리들을 안심시킨 후 곧바로 늘어져 있는 가지에 올라 강을 연해 늘어져 있는 가지로 옮겨 가서 그 끝에서 날아올라 강가 어느 숲 정상에 도착했다.

그리고 그곳에서 내려와 자신이 건너온 거리를 설정하였다.

원숭이왕은 그 등나무를 잡고 한편 끝을 강변에 서

있는 나무에 묶고 또 한편을 자기의 허리에 묶은 뒤에 두 손으로 암바 가지를 꼭 움켜 잡았다.

그리고 나서 원숭이 무리에게 신호를 보냈다.

"어서 내 등을 밟고 등나무를 타고 안전하게 도망가라."

8만 마리 원숭이들은 원숭이왕에게 경배하고 나서 일러준 대로 건너갔다. 그때 데바닷타도 원숭이였는데 그 원숭이 무리 속에 있었다.

'지금이 원수의 허를 찌를 수 있는 좋은 기회다.' 높은 가지에 올라 힘껏 원숭이왕의 등에 뛰어내렸다. 원숭이왕은 심장이 찢어져 말할 수 없는 고통이 닥쳤다. 데바닷타인 원숭이는 미칠 것만 같은 고통을 주고 떠나갔다. 원숭이왕만이 홀로 남겨졌다.

왕은 잠시도 졸지 않고 원숭이들과 원숭이왕이 펼친 광경을 처음부터 끝까지 모두 보고 나서 깊이 생각에 잠겼다.

'이 자는 축생인데도 자기의 목숨을 돌아보지 않고 오직 동료들을 안전한 곳으로 보내었다.'

그 왕은 원숭이왕의 행위에 싶은 감명을 받아서 '이 원숭이왕을 죽여서는 안 될 것이다. 적당한 방법을 써서 데려와 보살펴야겠다' 하고 생각하여 동이 터 올 무렵 강가 하류에 기둥을 세워 거기에 장대를 묶어서 원숭이 왕을 천천히 끌어내린 후 등에 노란 빛이 나는 옷(가

사)를 둘러 주었다. 그리고 강물에 목욕을 시키고 사탕
수수를 먹인 후 깨끗해진 몸에 천금의 값이 나가는 기
름을 바르고 침상 위에 향유를 바른 가죽을 펼치고 거
기에 그를 눕혔다. 그리고 자신은 그 아래 자리에 앉아
서 첫번째 게송을 노래하였다.

> 자기를 다리로 삼아서 안전하게 건네다니
> 대체 그대는 저들에게 있어 어떤 존재입니까?
> 또 저들은 그대에게 있어 무엇입니까?
> 위대한 원숭이여!

이것을 듣고 원숭이왕은 사람의 왕을 타이르며 남은
게송을 노래하였다.

> 왕이시여! 나는 저들의 군주입니다.
> 당신을 두려워해 비탄에 젖어 있던 저들에게 있어
> 정복자여! 그러한 내가 저 나무로부터
> 시위가 없는 활 백 개를 늘인 정도의 간격을
> 홀로 뛰어올라 나아가
> 두 다리 아래에 등나무 덩굴을 단단히 묶었습니다.

> 바람에 쫓기는 구름처럼 날아가
> 암바나무에 다가간 나는

그곳까지 도달하기에 힘이 부족하여
두 손으로 가지를 움켜 잡았습니다.
가지와 덩굴로 몸을 길게 늘어뜨린 나를
발로 밟고 안전하게 원숭이들은 건너갔습니다.

덩굴에 묶였다는 것이
나를 괴롭히지는 않았습니다.
죽는다는 사실도
나를 고통스럽게 하지 않았습니다.
나를 따르던 이들에게
행복이 찾아오기 때문입니다.

이것은 왕이시여!
당신을 위해 설한 비유담입니다.
왕은 왕국에, 수레에, 군대에
그리고 그 모든 것에 행복이 찾아오도록
희구하지 않으면 안 됩니다.
모든 것을 잘 이해하고 있는 왕족의 사람이라면.

이리하여 원숭이왕은 왕을 한편으로는 타이르고 한편
으로는 설유하면서 최후를 맞이했다. 왕은 대신들을 모
아 명하였다.
"이 원숭이왕에게 국왕들과 똑같은 장례식을 치러주

왕을 깨우친 원숭이

도록 하라"

그리고 이어서 후궁의 시녀들에게도 명했다.

"그대들은 붉은 옷을 몸에 두르고 머리를 흐트린 채 횃불을 들고 원숭이왕을 감싸서 화장터로 가라."

대신들은 수레 백 대 분량의 장작더미를 산처럼 쌓아 올렸다. 그들은 국왕들의 장례의식으로 원숭이왕의 장례를 거행하고 두개골을 모아 왕의 처소로 나아갔다. 왕은 원숭이왕의 화장터에 탑묘를 세우게 하고 등불을 밝히고 향유와 화환으로 공양한 뒤, 두개골에 황금을 흩뿌리고 창 끝에 매달아 그것을 선두에 서게 하고 향료며 화환으로 공양올리면서 바라나시로 향하였다. 왕은 그 유골을 가지고 탑묘를 세우도록 하여 평생토록 향료와 꽃다발로 공양하면서 원숭이왕의 가르침에 따라 보시 등의 공덕행을 지으며 공정하게 나라를 다스리다 하늘에 태어났다.

부처님께서 이렇게 전생이야기를 마치신 후에 덧붙여 이르셨다.

"그때의 왕은 지금의 아난다였고 에워싸고 있던 무리는 지금의 나를 따르는 제자들이며, 그때의 원숭이왕은 지금의 나였다."

〈쟈타카 407〉

37. 황폐해진 숲

이 전생이야기는 부처님께서 기원정사에 계실 때 구가리라는 비구에 대해 말씀하신 것이다.

구가리는 사리불과 목건련을 데리고 자신의 나라로 가려고 했지만 그 두 상좌는 이에 응하지 않았다. 그에 대해 비구들이 법당에 모여 이야기를 나누고 있을 때 부처님께서 오셔서 물으셨다.

"비구들이여, 그대들은 무슨 이야기를 나누고 있었는가?"

비구들이 구가리에 대해 말씀드리자 부처님께서 이르셨다.

"구가리가 두 상좌와 함께 할 수 없었던 것은 지금의 일뿐만이 아니다. 그는 전생에도 그러하였다."

이어서 비구들의 청에 따라 그 전생이야기를 들려주셨다.

옛날, 어떤 숲에 나무신이 두 명 살고 있었다. 그 숲 속에는 무시무시한 사자와 호랑이가 많이 살고 있었다. 숲에는 호랑이와 사자가 잡아 먹고 남은 짐승의 시체가 어지럽게 널려져 그대로 뒹굴어 다녔다. 그래서 숲 속은 언제나 썩어가는 시체 냄새가 진동하였고, 사람들은 이런 위험한 숲에 절대로 접근하지 않았다.

어느 날 우둔한 나무신은 세상의 이치도 알지 못한 채 현명한 나무신에게 마구 화풀이하였다.

"사자와 호랑이 때문에 우리들 숲은 부패한 시체 냄새로 진동하고 있어. 이런 식으로는 매일매일이 불쾌하기 짝이 없잖아. 당신은 어떻게 생각하고 있을지 모르겠지만 나는 놈들을 쫓아버릴 참이야."

그러자 현명한 신이 답하였다.

"그들 덕분에 우리가 사는 숲이 지켜지고 있는 것을 알아야지. 그들이 없다면 인간들은 반드시 숲의 나무를 베어버리고 말걸! 그리고 마을을 만들고 논밭을 일구어서 우리들의 삶의 터전을 파괴하고 말 것이야. 그렇게 되면 자네야말로 곤란에 처할텐데."

그렇게 말하면서 노래불렀다.

악한 벗을
선택하면 평화는 깨어지네.
선한 벗을

선택하면 평화는 이어지네.
영원한 평화를 부르는 친구를
선택하는 지혜야말로 처세술이지.
우리의 생활을 지켜줄
선한 벗을 선택해야만 하리.

　세상의 이치를 들려주었지만 우둔한 나무신은 그 의미를 알아보려고 하지 않았다.
　그리고 나서 얼마 지나지 않아 우둔한 나무신은 가공한 모습을 드러내어 마법의 힘을 마구 행사하여 사자와 호랑이를 숲에서 모조리 쫓아버리고 말았다.
　사자와 호랑이가 완전히 사라지자 인간들은 맹수들이 다른 숲으로 이주했음을 알아챘다. 그러자 재빨리 숲의 한켠을 허물기 시작하였다. 우둔한 나무신은 점점 숲의 나무들이 잘려나가는 것을 보고 골머리를 앓기 시작하였다.
　"이것 참 큰일났네, 정말 큰일이야!"
　하지만 좋은 생각이 떠오르지 않았다. 결국 현명한 나무신에게 가서 자신이 저지른 일은 죄다 잊어버린 듯 의논을 했다.
　"사자와 호랑이가 숲에서 사라지고 나니 인간들이 나무를 잘라내기 시작하고 있어. 어떻게 하면 좋을까?"
　"사자와 호랑이는 인근의 다른 숲에서 살고 있는 것

같아. 가서 그들을 다시 데려와야겠어."

우둔한 나무신은 그렇게 말하고서 즉시 인근 숲으로 갔다. 그리고 숲의 입구에 서서 간절하게 노래불렀다.

호랑이여, 나오너라. 사자여!
예전에 살던 곳으로 다시 돌아오너라.
너희들이 없는 저 숲을
인간들이 허물어뜨리고 있구나.
저 숲을 떠나지 말렴.
나와 함께 돌아가자꾸나.

사자와 호랑이는 우둔한 나무신이 꾸벅꾸벅 절을 하면서 애원하였지만 코웃음을 치며 답하였다.

"지금 무슨 말을 하는 게요? 냉정을 되찾고 당신이 무슨 짓을 저질렀는지 생각이나 해보시구려. 제멋대로 우리들을 쫓아내놓고서 방자하기가 지나치지 않소?"

"내가 나빴어. 이렇게 사과를 하잖아. 그러니 제발 그렇게 냉정하게 말하지 말고 돌아와 주지 않겠어?"

우둔한 나무신은 몇 번이나 머리를 조아리며 빌었다. 하지만 대답은 마찬가지였다.

"아무리 애원해도 헛수고요. 냉큼 꺼져버리란 말이오. 우리들은 죽어도 돌아가지 않겠소."

우둔한 나무신은 하는 수 없이 터덜터덜 자기가 살고

있던 숲으로 돌아왔다.

그리고 나서 며칠 지나지 않아 숲의 나무는 모조리 베어졌고 마을이 들어서고 밭이 만들어졌다. 그리고 나무신들이 살던 장소도 사라지고 말았다.

부처님께서 전생이야기를 마치신 후에 이렇게 덧붙여서 말씀하셨다.

"그때의 그 어리석은 나무신은 지금의 그 구가리요, 사자는 사리불, 호랑이는 목건련이었으며, 현명한 나무신은 바로 나였다."

〈쟈타카 272〉

본생경

본생경 해설

부처님의 전생에 대하여 전해오는 이야기를 《쟈타카 Jataka(本生經, 本生譚, 前生譚)》라 한다.

부처님과 같이 위대한 인격자가 이 세상에 태어난 이후부터 닦은 수행만으로 무한한 진리를 터득한 깨달은 자가 될 수 있다는 것에 대해서 당시의 많은 불교인들은 쉽게 이해할 수 없었다. 그가 깨달음을 이룬 것은 '먼 과거세부터 수많은 생애를 거쳐오면서 끊임없이 쌓아온 무수한 선근과 공덕의 힘'이라고 여겼기 때문이다. 그리하여 지금 우리가 읽는 것과 같은 부처님의 전생이야기(여기서 그는 붓다나 불타가 아닌 '보살'이라 불린다)가 생겨났고, 더 나아가서는 한없는 과거와 전생으로 거슬러 올라가 그 속에서의 부처님의 선행 및 덕행을 그리는 수많은 쟈타카(전생 이야기)가 출현하게 되었다. 이것은 어쩌면 퍽 자연스러운 일이었다고 말할 수 있다. 그리고 그러한 쟈타카는 다시 수많은 쟈타카로 발전하여 한 권의 책으로 묶여졌다. 기원전 3세기 말경이나 2세기 초 무렵에는 이미 몇 가지 쟈타카가 인도 불교사회에 널리 알려져 있었다. 이러한 증거를 우리는 고고학적인 유물에서 찾아낼 수 있다.

그러나 그것들이 —쟈타카의 소재가 된 것들— 모두 본디부터 불교사회의 소산이라고는 말할 수 없다. 오히려 대부분의 것들은 당시 인도사회에서 일반적으로 널리 퍼져 있던 설화이고, 그 중에는 석존시대보다도 훨씬 먼저 생긴 것도 있다. 그리고 쟈타카 중에는 《판챠탄트라》라든가 《히토파데샤》 등등, 인도 우화집의 내용과 거의 비슷한 것들도 있으며, 나아가서는 멀리 이솝우화나 라·퐁테즈 등의 서구 설화문학과 관련된 요소도 있다.

그러므로 쟈타카는 주로 고대 인도의 민속 중에서 생겨난 '교훈 이야기' 같은 것들이 불교에 채용되어 붓다의 전생을 이야기하려는 의도로 바뀌어져, 불교도 사이에서 널리 구전되어 온 것이라고 할 수 있다.

불교사회의 민중들에게 이 이야기가 널리 애송되어 왔다는 사실은, 아시아 각 지역 즉 간다라, 중앙아시아, 인도네시아의 보로브둘, 중국의 용문석굴 등의 쟈타카를 소재로 한 조각과 벽화에서도 쉽게 찾아볼 수 있다.

쟈타카에서 보살(석존의 전신)은 때로는 사슴이나 원숭이, 코끼리나 토끼였으며, 또 때로는 비둘기나 메추라기이기도 하였고 가끔은 지체높은 고관대작이거나 부유한 상인, 그리고 때로는 나무신(樹神)이나 용(龍)이기도 했다. 그와 같은 여러 가지 모습으로 생애를 살아가는 보살이 각각의 이야기 속에서 대부분은 주인공으로, 때로는 조연으로 등장하여 장차 석존이 되기 위한 숭고한 덕행을 쌓았으며, 혹은 장래의 석존에 걸맞는 현명함과 기지를 보여주기도 했다. 뿐만 아니라 때로는 전혀 석존답다고 느낄 수 없을 정도로 세상물정에 밝은 재치와 지혜를 보여주곤 한다.

  〈2〉

  현재 우리에게 잘 알려져 있는 쟈타카에는 팔리어로 전해지는 것과 산스크리트어로 전해지는 것, 한문번역이나 티베트 번역으로 전해지는 것 등이 있다. 그리고 이야기의 수는 총 900편을 넘는 것으로 헤아려지고 있다. 그러나 동일한 이야기가 여러 형태의 전승(傳承) 속에 중복되어 전해지고 있는 것도 상당수이므로, 그것을 정리한다면 전체적으로 대략 500여 편 남짓하게 된다.
  이야기들은 여러 개를 모아 한 권의 책으로 엮는 경우도 있고 개별적으로 전승되어 온 경우도 있다. 때로는 경전이나 율전 가운데에 쟈타카가 포함되어 전해지는 경우도 있다.

지금 여기에 번역된 것은 팔리어로 전해지고 있는 초기불전의 5니카야 가운데 그 다섯 번째 부분인 《쿳다카 니카야(小部經典)》의 15가지 경전 중에서 열 번째로 《쟈타카》라는 제목이 붙여진 경전에서 발췌한 것이다.

이 《쟈타카》는 로마나이즈자(字)로 간행된 판본으로 무려 3,000페이지를 넘는 대작이며, 547개의 이야기를 수록하고 있다. 오늘날에 전해지고 있는 쟈타카류의 여러 집록(集錄) 중에서는 가장 방대한 것이다.

그러나 이 방대한 전적 자체는 원전의 서문에서도 기술하고 있듯이, '쟈타카'라는 제목이 붙어 있기는 해도, 쟈타카가 아니라 《쟈타카 석의(釋義:판나나)》라는 것이다. 다시 말하면 이 책에서 〈쟈타카〉라고 한다면 바로 하나하나의 전생 이야기 중에서 보살이 설한 —때로는 보살이 아닌 다른 존재가 설한— 게송의 부분, 혹은 전생이야기를 모두 마친 후에 석존이 노래했다고 하는 게송 부분만을 가리키고 있다. 따라서 그 게송 부분을 중심으로 전개되는 산문의 이야기와, 그 설명의 부분을 《석의》의 작자가 전한 것으로 보여진다.

《석의》의 작자가 누구인지는 밝혀져 있지 않다. 그러나 《쟈타카》의 현재 형태가 이루어진 것은 대략 5세기 무렵이라고 추측된다.

《석의》의 작자는 쟈타카를 시작하기에 앞서 세 가지 〈인연 이야기〉를 서론삼아 붙인 이유라든가, 또는 세 가지 인연 이야기가 어떠한 것인가에 대해 이미 원전의 '서론' 속에서 이야기하고 있다.

그리고 본생경 ①권에 수록된 《니다나카타(인연 이야기)》 부분은 완역한 것이다. 쟈타카의 서(序)에 해당하는 인연 이야기는 크게 셋으로 나뉜다. 〈오랜 인연 이야기〉·〈그다지 오래지 않은 인연 이야기〉·〈가까운 인연 이야기〉가 그것으로 이 세 이야기를 통틀어 《인연담》이라 부르며 《본생담》의 서두를 장엄하게 장식하고 있다. 《니다나카타 Nidana-katha(因緣譚)》의 제1장 〈오랜 인연 이야기〉는 디팜카라 부처님으로 시작하는 과거세의 모든 부처님들의 긴 계보와, 그 모든 부처님 아래에서 무한히 쌓아온 보살행과 수기(受記, 석존으로부터 장래 반드시 깨달음을 열 것이라는 예언을 받는 것), 나아가 뒤에서 이야기 될 쟈타카와의 연관을 말하고 있다. 그 직접적인 자료는 역시 《쿳다카 니카야》 속에 들어 있는 《붓다밤사》나 《챠리야피타카》이다. 그런데 이것은 산스크리트문으로 전해지는 《라리타비수타라》나 《마하바스투》 등에서 전하는 바와도 대응하고 있다. 디팜카라 부처님은 석가모니 부처님(고마타 붓다)보다 훨씬 앞선 과거세의 부처님들 가운데 가장 오래된 부처님으로서, 원시불전과 대승불전을 통해서 종종 언급되어 왔다.

제2장 〈그다지 오래지 않은 인연 이야기〉와 제3장 〈가까운 인연 이야기〉는 보통 불전(佛傳 : 석존의 전기)이라 불리고 있다.

도솔천에 있던 보살이 흰 코끼리로 모습을 바꾸어, 마하마야 왕비의 태에 머물다가 룸비니 동산에서 탄생하는 것으로부터 시작하여, 네 곳 성문 밖에서 느낀 인생에 대한 무상〔四門出遊〕, 외아들인 라훌라의 탄생, 찬나와 함께 몰래 성을 나와서 출가하고, …… 고행하고, …… 그리고 고행을 버리는 일 등을 거쳐 악마를 항복시키고 깨달음을 열어 붓다가 되기〔成道〕까지가 〈그다지 오래지 않은 인연 이야기〉로 전해지고 있다.

성도 직후의 온갖 사건, 범천(브라흐마)에 의한 설법 간청, 최초의 설법, 라쟈가하(왕사성)로 들어가는 일, 카필라바스투를 찾아가는 일, 제타 숲의 정사(기원정사)를 보시받는 일 등이 〈가까운 인연 이야기〉로 전해지고 있다.

모두가 부처님의 생애에 있어 사적(事蹟)이며 그 모습은 종종 불교미술의 소재가 되어 초기불교도에게 익숙해져 왔다.

〈3〉

쟈타카는 총 22부 547편의 이야기를 담고 있다. 물론

이보다 훨씬 많은 숫자의 쟈타카도 있다고 하지만 지금 우리가 접할 수 있는 것은 547편의 이야기들이다. 22부로 나눈 기준은 그리 분명하지 않다. 다양한 이야기들이 각 부마다 고루 들어가 있다.

쟈타카의 구성은 먼저 머리말의 역할로서 〈현재이야기〉가 등장한다. 현재 부처님과 승단에 그리고 재가사회에 일어나고 있는 이야기가 나오면서 전생이야기가 실리는 계기를 마련해주고 있다. 이어서 부처님은 이 현재의 사건은 우연히 이번 한 생에만 일어난 것이 아니라 과거에도 똑같은 일이 있었음을 밝히며 자연스럽게 〈전생이야기〉를 소개하는 것이다. 쟈타카의 본론에 해당하는 것이다.

전생이야기 속에서 부처님은 어진 신하도 되고 동물의 왕이 되기도 한다. 또 사건을 일으킨 사람도 역시 동물의 몸이 되기도 하고 또는 현생과 똑같은 입장의 인간의 몸을 취하기도 한다. 그리고 나서 그 전생이야기의 주인공들은 지금 현재의 누구누구의 몸이었다는 〈관련이야기〉를 끝으로 하여 이야기를 끝맺는다. 이 구성은 547편의 이야기에 일관되게 적용되고 있다(다만 현재이야기가 거듭 반복되어 두세 편의 전생이야기를 이끌어내는 경우도 있다).

쟈타카를 읽다보면 이 이야기들이 단순히 우화를 들려주려는 생각에서 만들어진 것이 아님을 알 수 있는데 그것은 이 쟈타카의 내용들이 율장의 성립과 지대한 관계를 지니고 있기 때문이다.

예를 들어 재가인들의 시주에 지나친 욕심을 낸 어떤 비구니로 인하여 마늘을 먹어서는 안 된다는 항목이 새로 설정되는가 하면 여섯 무리의 비구로 인하여 사악한 행동, 난폭한 말을 삼가라는 계율이 새로이 규정되고 있다. 인간의 행동 하나하나가 모두 어떤 일을 연유하여 일어나고 있는 것을 생각해볼 때 쟈타카 즉 본생이야기가 이토록 많이 전해지고 있는 것은 이상하게 생각할 만한 일이 아닌 것은 분명하다.

부처님을 중심으로 한 승단이 나날이 번창함에 따라 승단에는 하루도 일이 생기지 않는 날이 없었을 것이다. 뿐만 아니라 부처님에게 믿음을 갖고 있는 재가인들이 늘수록 그들과 관련된 일은 수없이 많이 생겨났을 것이다. 이런 모든 사항들에 관련하여 부처님은 진리를 설하시고 업보를 설하시며 해탈의 길을 넌지시 제시하고 계시는 것이 바로 쟈타카인 것이다.

〈4〉

쟈타카에서 부처님은 다양한 모습으로 출연하고 있다. 그도 그럴 것이 이 한 생에 부처를 이루자면 얼마나 많은 전생을 거쳐오면서 선업을 쌓았어야 했을까 생각하면 그것은 아주 당연한 일일지도 모른다. 가장 많이 모습을 드러내는 것은 왕을 보필하면서 바른 통치를 하도록 조언하는 대신이나 사제의 역할이다. 이것은 비록 출가를 지극한 선택으로 여기던 원시불교에 있어 재가 사회의 체제를 존중한 현실적인 의미를 담고 있는 것이 아닐까 한다. 물론 오로지 세속의 이치에만 따르는 것은 아니다. 정법에 입각하여 나라를 다스리며 왕은 백성을 위하여 언제나 삼가하고 덕을 베풀며 그들의 노예가 되어야 한다고 암시하고 있는 것이다. 지고한 세속의 원리는 출세간의 이치에도 통함을 알 수 있는 대목들이다.

한편 부처님은 다양한 동물의 모습을 취하고 있다. 이 쟈타카가 서양에 널리 퍼져 있는 이솝우화의 원천이 되고 있음은 새삼 말할 필요가 없다. 인간이 이성을 상징한다면 동물은 본능을 상징한다고 할 수 있다. 그런데 동물의 몸을 빌려서 수행자를 공경하고 진리를 설하고 자신을 희생해야 함을 강조하는 이 쟈타카의 이야기들은 인간중심의 진리에서 한 걸음 더 나아가 생명존중의 진리에까지 확대되는 세계관을 엿보게 하여 준다.

부처님은 전생이야기를 들려주시면서 언제나 이렇게 말씀하시기 때문이다. "동물도 그러하거늘 어찌 인간이 그러지 않을 수 있겠는가?"

또한 쟈타카에서 부처님은 관찰자의 입장에 서있기만 하는 경우도 있다. 세속의 이치에 밝은 현명한 사람이나 또는 자연의 어떤 신의 모습을 취하고 눈앞에서 벌어지는 세속의 현장을 그대로 묵시한 다음에 그에 관해 짤막한 게송 하나로 한탄하는 이야기를 말한다. 이런 이야기를 통해서는 부처님이라는 존재는 세상의 주재자로서 모든 일에 나서며 관장하는 권력 —비록 정신적인 것이나마— 을 가진 인물로 비추어지기 보다는 모든 것을 초탈하여 세상을 그대로 관조하면서 그들의 비뚤어진 모습을 우리들에게 여실하게 비춰주는 현명한 노인의 이미지마저 풍기는 것이다.

쟈타카는 출세간의 진리만을 우리에게 말하지는 않는다. 목숨을 가진 현생의 모든 중생들이 중시하는 세속의 원리도 그대로 강조하고 있기 때문이다. 주인의 재산에 욕심이 생겨 거만한 마음을 품은 '거만한 하인' 이야기, 눈앞에서 성가신 존재를 쫓아냈다가 숲이 허물어지는 결과를 초래한 어리석은 나무신의 이야기('황폐해진 숲'), 아내의 바람은 오직 남편의 사랑임을 강조하는 '삼브라의 사랑' 이야기 등 이루 말할 수 없을 정도로 많은 이야기들이 세상의 가치를 그대로 담아내고 있다.

그도 그럴 것이 쟈타카에 일관되게 흐르는 인과응보, 보시의 사상은 베푼 만큼 받고 저지른 만큼 당한다는 세상의 이치에 가장 잘 들어맞는 것이기 때문이다. 다만 베풀려면 지극히 선량한 마음으로 베풀어야 하며 사악한 일을 당하여도 앙갚음하려는 마음을 지니지 말아야

한다는 종교적인 원칙은 고수하고 있음은 말할 필요가
없다.

〈5〉

쟈타카는 장엄하고 준엄한 여느 경전과는 달리 친숙
하게 우리들이 다가갈 수 있는 유일한 경전이기도 하다.
부처님의 가르침을 따르는 불제자는 물론이요, 타종교
인, 그리고 종교를 갖고 있지 않는 사람들… 이 모두가
어렵지 않게 읽어내려갈 수 있는 경인 것이다.

먼저 부처님의 인연이야기를 통해 세상의 구세주인
부처님은 어떤 인연으로 깨달음을 얻게 되었는지, 그리
고 부처님의 계보를 읽고 종교적인 감흥에 크게 설레인
다면 그 다음 쟈타카로 자연스레 넘어가는 것이다. 쟈타
카를 통해서 우리의 옛 사람들은 어떤 난관을 어떻게
슬기롭게 대처하고 풀어나갔는지를 배우는 것은 현실을
살아가는 우리의 처세술에도 커다란 보탬이 되는 삶의
지침서를 만나는 일이다.

547편의 이야기를 모두 싣지 못한 것이 아쉽지만 손
에서 놓친 콩 한 알을 주으려다 모든 콩을 다 잃고 만
원숭이의 교훈처럼 우선 이 이야기들을 통해서 가장 쉽
고 가장 현실적인 부처님의 말씀을 접해보는 것도 '일
대사인연'을 맺는 일이 아닐까 한다.

해 설
341

역자소개 : 이미령

강원도 출생,
1982년 동국대학교 불교학과에 입학하여
동 대학교 불교학과 대학원에서 석사과정 졸업.
《불교의 서구적 모색》,《붓다의 과거세 이야기》,
《기쁨의 언어 진리의 언어》,《수필로 쓴 불교》,
《부처님이 십대제자》전 5권 등을 번역하였다.
현재 원고집필과 불교서적 번역, 교열 등의 작업에
참여하고 있다.

불교경전 ⑳
본 생 경 ②

1995년 10월 30일 초판 1쇄 발행
2023년 1월 30일 초판 5쇄 발행

역 자 ― 이 미 령
발행인 ― 윤 재 승
ⓒ 발행처 ― 민 족 사
등록 제1-149호, 1980. 5. 9.
서울 종로구 삼봉로 81 두산위브파빌리온 1131호
전화 (02) 732-2403 ~ 4, 팩스 (02) 739-7565
홈페이지 // www.minjoksa.org
E-mail / minjoksabook@naver.com

값 14,500원
ISBN 978-89-7009-179-2 04220

• 경전은 부처님의 말씀입니다.
• 경전을 소중히 합시다.